Bildungsstandards in der Praxis

Gerhard Ziener

Bildungsstandards in der Praxis

Kompetenzorientiert unterrichten

Klett | Kallmeyer

Bibliografische Information Der Deutschen Bibliothek:
Die deutsche Bibliothek verzeichnet diese Publikation in der Deutschen Nationalbibliografie;
detaillierte bibliografische Daten sind im Internet über htto://dnb.ddb.de abrufbar.

Impressum
Ziener, Gerhard:
Bildungsstandards in der Praxis
Kompetenzorientiert unterrichten

1. Auflage 2006
© 2006 Kallmeyer Verlag in Verbindung mit Klett
Erhard Friedrich Verlag GmbH
D – 30926 Seelze-Velber

Realisation: Friedrich Medien-Gestaltung/Gudrun Leszinski
Druck: Print Design Druck GmbH, Minden. Printed in Germany

ISBN 13: 978-3-7800-1008-7
ISBN 10: 3-7800-1008-9

Inhalt

III. Von Bildungsstandards zum Unterricht 43

Wie unterrichtet man Bildungsstandards?

Auf diese Frage müssen Lehrerinnen und Lehrer, aber auch all diejenigen, die Lehrkräfte aus-, fort- und weiterbilden, sowie die Autorinnen und Autoren von Unterrichtshilfen und Lehrbüchern Antworten finden. Dazu möchte dieses Buch einen Beitrag leisten, und zwar in theoretischer wie in praktischer Hinsicht.

Die bereits vorliegenden Bildungsstandards sowohl der Kultusminister-konferenz (KMK) sowie einzelner Bundesländer sind allesamt Leistungs-standards: Sie geben Auskunft darüber, über welche Kompetenzen Schü-lerinnen und Schüler am Ende bestimmter Schul- bzw. Jahrgangsstufen in den einzelnen Fächern verfügen sollen. Sie geben keine Auskunft über Lernbedingungen, die die Schule und die Lehrkräfte bereitstellen sollen, also so genannte ‚opportunity-to-learn-standards'. Bildungsstandards in allen bisher veröffentlichten Formen haben den Charakter von Kompetenz-beschreibungen, auch wenn der Begriff der Kompetenz nicht in allen Plänen explizit verwendet wird. Die zentrale Frage an den Schulen lautet deshalb seit der Einführung von Bildungsstandards: Wie unterrichtet man Kompe-tenzen? Oder – etwas näher an der Unterrichtspraxis orientiert – verändern Bildungsstandards den Unterricht? Was bedeuten kompetenzorientierte Bildungsstandards für die Planung und die Durchführung von Unterricht sowie für den Umgang mit Schülerleistungen?

Die Antworten, die in diesem Buch angeboten werden, werden in vier aufeinander aufbauenden Schritten entwickelt:

I. Was sind Kompetenzen?

Die Frage nach den eigenen Erwartungen von Lehrenden und Lernenden wird ausgewertet. Das überraschende Ergebnis: Auch ohne es so zu bezeichnen, erwarten wir von gelingender Bildung die Vermittlung von Kompetenzen auf Seiten der Lernenden.

Grundlegend ist die Frage, was unter ‚Bildungsstandards' in der vorlie-genden Form zu verstehen ist. Solange darüber keine Klarheit besteht, bleiben auch die weiteren Schritte von den curricularen Vorgaben – der Einfachheit halber wird im Folgenden immer von den Bildungsstan-dards bzw. vom Bildungsplan die Rede sein – zum Unterricht unklar. Am Anfang dieses Buches steht deshalb eine Verständigung über den kompetenzorientierten Ansatz von Bildungsstandards, gewissermaßen die ‚Philosophie' der Bildungsstandards unter der Fragestellung: Wie sind sie gedacht? Alle weiteren Ausführungen verfolgen die Frage: Wie wird es gemacht? Die einzelnen Kapitel und Schritte dieses Buches bauen streng aufeinander auf. Dies bedeutet, dass man das Buch zwar an unterschiedlichen Stellen aufschlagen und vielleicht sogar Gewinn bringend lesen, aber ohne die Grundlegung im ersten Abschnitt nicht wirklich verstehen und nutzen kann. Die Grundlegung im ersten Ab-schnitt des Buches ist so gehalten, dass deutlich wird: Es geht nicht um

Grundlegung:
Wie ist es gedacht?

den Begriff, sondern um den Ansatz und das Anliegen kompetenzorientierten Lehrens und Lernens. Nebenbei wird sich zeigen, dass sich der Ansatz einer kompetenzorientierten Didaktik nicht ausschließlich auf den Bereich des schulischen Lehrens und Lernens beschränken muss. Dennoch wurde der in diesem Buch vorgestellte Ansatz auf dem Feld der Schule entwickelt.

II. Kompetenzen und Bildungsstandards

Der Perspektivenwechsel vom Input zum Output, von der Inhalts- zur Zielorientierung. Welche Anschlussfragen stellen sich?

Anschlussfrage:
Wie wird es gemacht?

Aufbauend auf die Grundlegung wird im zweiten Abschnitt ein Blick auf die kompetenzorientierten curricularen Vorgaben, also die Bildungsstandards selbst, geworfen. Es wird ein systematischer Zugriff auf die Standards aller Fächer und Schularten angeboten, mit dessen Hilfe Lehrkräfte in die Lage versetzt werden sollen, kompetenzorientierten Unterricht zu planen, zu steuern und die angestrebten Kompetenzen der Schülerinnen und Schüler nicht nur anzustreben, sondern auch zu bewerten. Im Hintergrund steht also auch die mit der Einführung von Bildungsstandards fast überall diskutierte Frage nach Qualitätssicherung und Evaluation; einfacher ausgedrückt: um die stets gegenwärtige Frage nach ‚gutem Unterricht'.

III. Von Bildungsstandards zum Unterricht

Unterricht planen, durchführen und bewerten. Kriterien für kompetenzorientiertes Lehren und Lernen.

Kriterien für
kompetenzorientierten
Unterricht

In einem dritten Schritt wird es darum gehen, einen Blick auf die konkreten unterrichtlichen Abläufe und Prozesse zu werfen, die einen kompetenzorientierten Unterricht kennzeichnen. Die Frage lautet: Was sind Kriterien und Indikatoren für kompetenzorientiertes Lehren und Lernen?

IV. Methoden des kompetenzorientierten Unterrichts

Wie verändern Bildungsstandards den konkreten Unterricht? Methoden und Aufgabenbeispiele werden vorgestellt.

Methoden
kompetenzorientierten
Lehrens und Lernens

Im letzten Schritt wird schließlich gefragt, welche Methoden in besonderer Weise dazu geeignet sein könnten, im Sinne von Bildungsstandards Schülerinnen und Schüler ‚kompetent' zu machen.

Die Überlegungen in diesem Buch und die einzelnen Bausteine wurden ausgelöst durch die Einführung des Bildungsplans für allgemein bildende Schulen im Land Baden-Württemberg zum Schuljahresbeginn 2004/2005 und durch meine Funktion als „Standard-Anhörungsexperte" und Mitautor für das Fach evangelische Religionslehre an Realschulen in diesem Bundesland. Gleichwohl handelt es sich um kein speziell baden-württembergisches Buch und auch nicht um eine Religionsdidaktik. Vielmehr hat sich in der Praxis, das heißt im Laufe unzähliger Veranstaltungen zur Einführung von Bildungsstandards vor Lehrerinnen und Lehrern, Schulämtern, Schulleitungstagen oder auf Pädagogischen Tagen oder Pädagogischen Konferenzen an Schulen, gezeigt, dass die Grundfragen, die durch die Einführung von Bildungsstandards ausgelöst werden, in allen Fächern und in allen Schularten prinzipiell die gleichen sind.

Die in diesem Buch vorgetragenen Gedanken und Ansätze sind je für sich genommen nicht gänzlich neu. Die Literatur zum Thema Qualitätssicherung und -entwicklung von Unterricht ist im Gegenteil geradezu Legion. Neu und dringend erforderlich ist jedoch die Verknüpfung solcher Ansätze mit konkreten Vorgaben, die derzeit in großer sachlicher Übereinstimmung nach und nach in sämtlichen Bundesländern formuliert oder eingeführt werden. Die die Schule und Lehrkräfte schon immer bewegende Grundfrage, was ‚guten Unterricht' auszeichnet, muss neu beantwortet werden: Was ist ‚guter Unterricht' im Sinne von Bildungsstandards und wie lässt sich die Qualität solchen Unterrichts feststellen, darstellen, fördern und bewerten?

Die Hauptbausteine dieses Buches

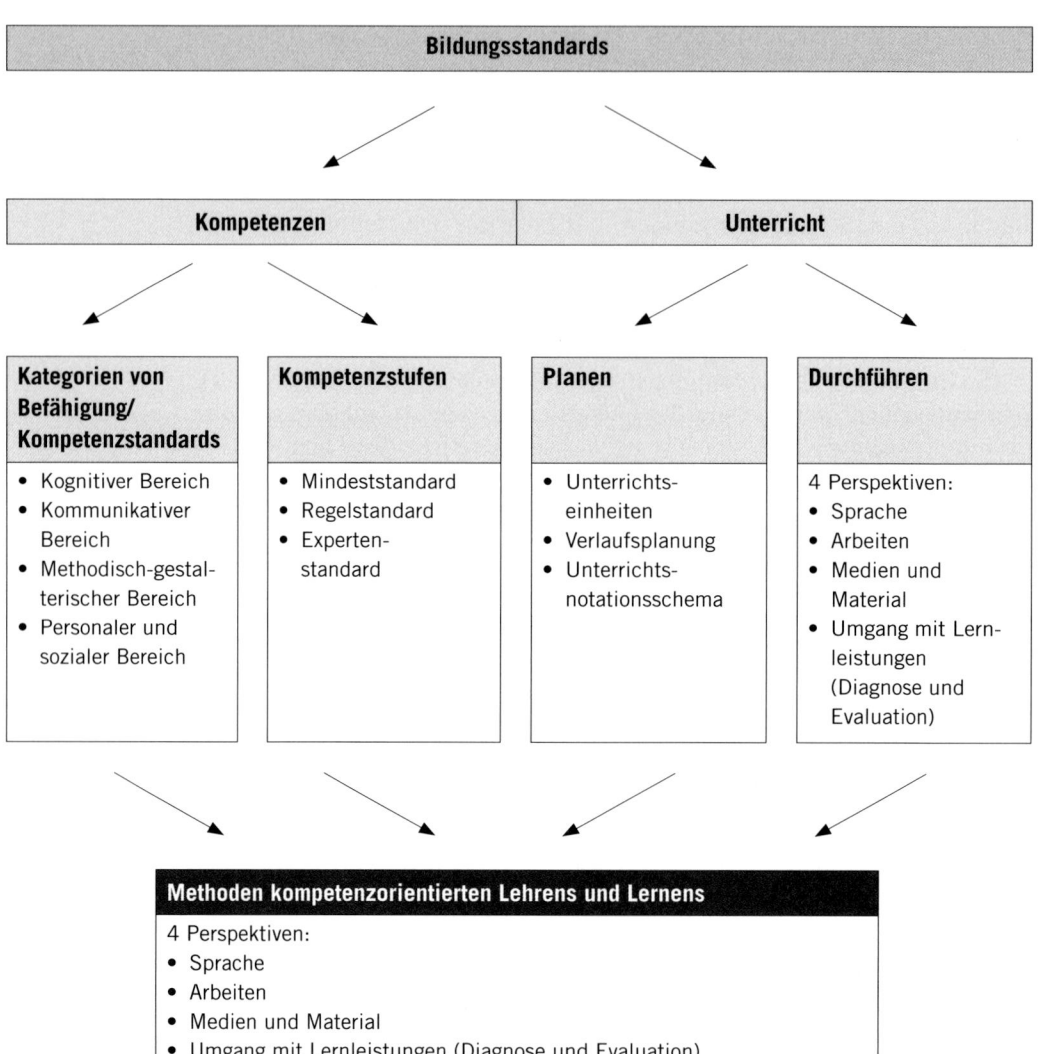

Abb. 1

I. Grundlegung: Was sind Kompetenzen?

Kompetenzen haben Hochkonjunktur in nahezu allen gesellschaftlichen Bereichen. Im Personalmanagement der Wirtschaft werden Kompetenzen definiert und eingefordert. Im politischen Jargon werden sie beansprucht oder überschritten. In der Werbewirtschaft ist Kompetenz zum kategorialen Qualitätsmerkmal geworden – sei es in absolut unbestimmter Weise, indem Kompetenz zum Synonym für Effektivität und Effizienz geworden ist, sei es in Form von kuriosen Spezifizierungen: Ein Lebensmittelproduzent hat sich selbst eine „Essigkompetenz seit 1929" attestiert. Gleichzeitig findet auf so unterschiedlichen Feldern wie der pädagogischen Psychologie und der strukturalen Linguistik seit geraumer Zeit in unterschiedlichen Etappen ein wissenschaftlicher Diskurs über Kompetenz und Kompetenzen statt, der derzeit zu einem gewissen Abschluss gekommen zu sein scheint. Andere freilich meinen, der Diskurs habe eben erst begonnen.

Solche Sprachspiele sind zu berücksichtigen, wenn man die Verständnisfrage stellt: Was sind Kompetenzen? Dieses erste Kapitel zielt auf ein angemessenes Verständnis von Bildungsstandards und beschreitet dafür den Weg von eigenen Lehr- und Lernerfahrungen hin zu selbst formulierten Erwartungen an den Ertrag von Bildungsbemühungen. Am Anfang steht deshalb nicht eine weitere Definition für Kompetenzen, sondern ein gedanklicher Selbstversuch: Was erwarte ich selbst, wenn ich lehren oder lernen will?

Das Ergebnis ist verblüffend: Auch ohne den Begriff zu gebrauchen, will ich andere kompetent machen oder selbst kompetent werden. Niemand will inkompetent sein.

Bildungsstandards:
die Antwort auf PISA?

Die Diskussion um Bildungsstandards ist älter als die Ergebnisse der PISA-Studien. Schon am 12. Mai 1995 veröffentlichte die Kultusministerkonferenz „Standards für den Mittleren Schulabschluss in den Fächern Deutsch, Mathematik und erste Fremdsprache". Doch die für deutsche Schulen alles andere als schmeichelhaften Ergebnisse der verschiedenen internationalen Vergleichsstudien haben der Diskussion um regionale und nationale Standards schulischer Bildung einen so großen Schub gebracht, dass bisweilen der Eindruck entsteht oder die Einschätzung formuliert wird, Bildungsstandards seien ‚die Antwort auf PISA'. Diese Einschätzung trifft historisch offensichtlich nicht zu, doch faktisch wird jeder, der sich in irgendeiner Weise an der Diskussion um die Qualität schulischer Bildung beteiligt, sich mit der Frage konfrontiert sehen, ob er oder sie sich denn künftig ein besseres Abschneiden der Schülerinnen und Schüler verspricht. Der Streit um die PISA-Ergebnisse und andere Vergleichsstudien ist immer auch ein Streit um Deutungshoheit. Das vorliegende Buch wird sich daran nicht beteiligen. Wir können hinter die Ergebnisse der Vergleichsstudien nicht zurück. Zudem versuchten die PISA-Studien ausdrücklich die vorhandenen Kompetenzen von Schülerinnen und Schülern zu erheben. In dieser Gemengelage entstanden und entstehen derzeit Bildungsstandards in Form von Kompetenzstandards, die sich selbst verstehen als ein völlig neues Steuerungsinstrument für Bildungsqualität. Man wird jedoch viel grundsätzlicher fragen müssen, ob curriculare Vorgaben überhaupt Bildungsqualität steuern können – und im Speziellen, ob solche Steuerung mit Hilfe von Bildungsstandards besser, das heißt wirksamer, geschieht als mit den bisherigen Lehrplänen. Und man wird unabhängig davon die Frage stellen und beantworten müssen, ob und inwiefern es sich bei Kompetenzstandards um etwas völlig Neues, wenn nicht gar um den behaupteten Paradigmenwechsel, handelt. Worum es bei allen inzwischen formulierten Standards im Kern geht und welche Konsequenzen diese neue Orientierung an Standards für didaktisches Denken und Handeln hat, soll im Folgenden Schritt für Schritt erörtert werden.

1. Der Ansatz bei der eigenen Unterrichtserfahrung: Ein Selbstversuch

Begriffliche Klärungen und Ableitungen sind für das pädagogische Gespräch unerlässlich. Wenn man aber zurückfragt, was mit den jeweiligen Begriffen überhaupt gemeint ist, stellt sich meist heraus, dass die Begriffe höchst unterschiedlich besetzt und dadurch zur Verständigung nur bedingt geeignet sind. Dies gilt umso mehr, wenn Begriffe öffentlich und damit auch bildungspolitisch auf unterschiedlichsten Ebenen und in unterschiedlichen Zusammenhängen gehandhabt werden. Deshalb ist es immer hilfreich, wenn die Begriffsbildung Anhalt hat an eigenen Erfahrungen und Anschauungen, weil nur so die jeweiligen Gesprächspartner auch Auskunft darüber geben können, was sie meinen, wenn sie etwa von Bildungsstandards, von Kompetenzen oder von Qualitätssicherung reden. Das folgende Experiment

versucht, genau diesen Weg zu gehen. Es geht aus von eigenen Unterrichts-
erfahrungen. Diese Erfahrungen können sowohl aus der Perspektive eigener
Lehrtätigkeit stammen, als auch aus der Erfahrung eigenen Lernens.

Ausgangspunkt:
ein induktiver Zugang

Erster Schritt: Rückbesinnung auf eine Unterrichtseinheit

Frage:

> Besinnen Sie sich bitte auf die letzte von Ihnen durchgeführte bzw. als
> Lernender oder Lernende erlebte Unterrichtseinheit und beantworten
> Sie folgende Frage: Was war das Thema der Unterrichtseinheit und
> welche Impulse, Elemente, Gegenstände wurden in diese Unterrichts-
> situation eingegeben?

Es geht bei dieser Besinnung nicht um die sachliche Übereinstimmung eige-
ner Unterrichtserfahrungen mit einem Lehrplan, sondern nur um eine reale
Erfahrungsgrundlage. Notieren Sie sich einige Stichworte in chronologischer
Reihenfolge und benutzen Sie dafür die nachstehende Tabelle (**Abb. 2**).

Entscheidend ist nun der **zweite Schritt**:

> Treten Sie in Gedanken einen kleinen Schritt neben sich und achten
> Sie auf das Ende der Unterrichtseinheit. Nehmen Sie die Lernenden
> in den Blick und formulieren Sie nun einen der folgenden Sätze für
> sich zu Ende:
> Nach ___ Stunden zum Thema _____, da erwarte ich ei-
> gentlich, dass die Schülerinnen und Schüler … – oder: … da sollten
> die Schülerinnen und Schüler eigentlich … bzw.: da sollte es keine
> Schülerinnen und Schüler mehr geben, die nicht mindestens …

Sie können folgende Tabelle (s. **Abb. 2**) für die beschriebenen zwei Schritte
benutzen.

Notieren Sie sich zunächst in der linken Spalte, woran Sie sich erinnern,
und formulieren Sie in der rechten Spalte derselben Tabelle etwa zwei oder
drei Satzergänzungen, die für Ihr eigenes Empfinden zutreffen.

Diese Satzanfänge sind vollkommen ergebnisoffen formuliert, es gibt also
keine ‚falschen' Antworten. Was sich aber in mittlerweile fast unzähligen
Versuchen mit den unterschiedlichsten Adressatengruppen gezeigt hat, ist
Folgendes: Es ergibt sich regelmäßig eine Reihe von signifikanten Überein-
stimmungen in den Antworten. Die Übereinstimmung drückt sich aus in drei
regelmäßig wiederkehrenden Typen von Antworten, die im Folgenden kurz
beschrieben und kommentiert werden. Nicht jeder und jede, die sich diesem
Selbstversuch unterzieht, wird zwingend alle drei Antworttypen bieten.
Je größer aber die Zahl derer ist, die diese Fragen beantworten und ihre
Antworten zusammentragen, desto größer ist die Wahrscheinlichkeit, dass
alle drei Typen auftreten. Die Reihenfolge der nachfolgenden Aufzählung
entscheidet nicht über die Gewichtung. Es wird bei der Beschreibung von
einer Unterrichtseinheit über die Weimarer Republik ausgegangen.

Rückbesinnung auf die letzte von mir durchgeführte bzw. miterlebte Unterrichtseinheit	
1. Schritt: Ich erinnere mich an die letzte Unterrichtseinheit und zähle auf, welche Elemente in die Lerngruppe eingegeben wurden.	**2. Schritt:** Ich nehme die Adressatinnen und Adressaten dieser Unterrichtseinheit in den Blick und vervollständige folgenden Satz:
Thema: _____	Nach _____ Stunden zum Thema _____ , da erwarte ich eigentlich, dass die Schülerinnen und Schüler …
Elemente der Unterrichtseinheit: • _____ • _____ • _____ • _____ • _____	(Erwartungen) • _____ • _____ • _____ • _____ • _____
(Nennen Sie Stichworte; Vollständigkeit ist nicht erforderlich.)	(Versuchen Sie, etwa drei solcher Erwartungen mit eigenen Worten zu formulieren.)

Abb. 2

2. Drei Antworttypen

Erster Antworttypus

Drei Erwartungen

Die Befragten antworten mit großer Häufigkeit sinngemäß: Ich erwarte, dass die Schülerinnen und Schüler jetzt wenigstens *wissen*, in welche Zeit die so genannte Weimarer Republik fällt; oder: dass sie den Namen und die Parteizugehörigkeit des ersten Reichspräsidenten *kennen*; oder: dass sie über die wichtigsten Stationen der Entwicklung der NSDAP *Bescheid wissen*.

Vermittlung von Kenntnissen

Die Befragten erwarten also bestimmtes *Sachwissen*, bestimmte *Informationen*, bestimmte *Kenntnisse* als Ertrag ihrer didaktischen Bemühungen. Mit diesem Ertrag alleine geben sich die Befragten aber in der Regel nicht zufrieden.

Zweiter Antworttypus

Die Befragten fügen beispielsweise hinzu: Ich erwarte, dass die Schülerinnen und Schüler nun mit eigenen Worten die Grundaussagen von Hitlers ‚Mein Kampf' *wiedergeben können*; oder, dass sie eine zeitgeschichtliche Rede einer politischen Richtung *zuordnen können*; oder: dass sie sich an einer politischen Diskussion mit Sachverstand *beteiligen können*.

Mit anderen Worten: Es wird erwartet, dass die Schülerinnen und Schüler nicht nur über ein gewisses *Sachwissen*, sondern auch über bestimmte *Fähigkeiten* oder über methodische oder kreative *Fertigkeiten* und *Techniken* verfügen, um mit dem Sachwissen umzugehen. Die Begriffe ‚Fähigkeit' und ‚Fertigkeit' werden hier bewusst nebeneinander gestellt, auch wenn sie unterschiedliche Bedeutungsnuancen haben. Umfasst die Fähigkeit auch Anlagen und Verhaltensdispositionen, meint Fertigkeit eher das Anwendungswissen im konkreten Falle. Beides lässt sich aber in der Unterrichtswirklichkeit oft nur schwer auseinanderhalten; gemeint ist beides.

Vermittlung von Fähigkeiten und Fertigkeiten

Doch selbst diese beiden Antworttypen werden in aller Regel ergänzt durch eine dritte Erwartung.

Dritter Antworttypus

Etliche Befragte formulieren etwa: Ich erwarte, dass die Schülerinnen und Schüler nun einen Begriff oder *ein Gespür haben* von der bzw. für die Gefahr eines schleichenden Nationalismus; oder: dass *sie sich einlassen können* auf zeitgeschichtliche Fragen und Diskussionen; oder: dass die Schülerinnen und Schüler *nachempfinden können*, welch schützenswertes Gut eine demokratische Ordnung darstellt.

Anders ausgedrückt: Die Befragten erwarten, dass die Adressaten des Bildungsprozesses sich selbst *in ein Verhältnis setzen können* zu den gelernten Sachen, Fähigkeiten und Fertigkeiten.

Entwicklung von Einstellungen und Haltungen

Die geschilderten drei Antworttypen lassen sich noch etwas schärfer profilieren. Dabei wird zugleich deutlich, dass es auch Übergänge gibt und alle drei Antworttypen in einer Wechselbeziehung stehen.

3. Kenntnisse, Fähigkeiten/Fertigkeiten und Einstellungen/Haltungen

Ganz gleich, um welche Art von Bildungsbemühung es sich handelt, wir erwarten offenbar als Ertrag auf der Seite der zu Bildenden:

1. die Zunahme an Wissensbeständen, an Kenntnissen, an Sachwissen, an Informationen. Wer unterrichtet wird, soll nach einer bestimmten Zeit jedenfalls in irgendeinem Sinne mehr wissen als vorher, über mehr Informationen verfügen, mehr Sachverhalte kennen;

2. die Zunahme an Fähigkeiten und Fertigkeiten im Zusammenhang und im Umgang mit dem Gewussten. Wer unterrichtet wird, soll anschließend nicht nur über Kenntnisse verfügen, sondern in irgendeiner Weise damit umgehen, sie bearbeiten und handhaben können;

17

3. die Veränderung oder Beeinflussung von Bereitschaften, Einstellungen und Haltungen, das Herstellen einer Beziehung zwischen dem lernenden Subjekt und den gelernten Sachen und Fertigkeiten.

Noch knapper formuliert wäre demnach ein Bildungsprozess dann erfolgreich, wenn die zu Bildenden anschließend 1. etwas mehr wissen, 2. mit diesem Wissen etwas anfangen und 3. sich dazu verhalten können, kurz: Bildungsprozesse zielen nach übereinstimmender Einschätzung auf den Erwerb von 1. Kenntnissen, 2. Fähigkeiten und 3. Einstellungen. Nichts anderes aber meint die pädagogische Diskussion der letzten 30 Jahre mit dem einen Begriff der Kompetenz (vgl. Heinrich Roth, 1971, 446 ff.). Kompetenz in diesem pädagogisch-didaktischen Sinne – und das heißt ausdrücklich nicht im verwaltungstechnischen oder juristischen Sinne von ‚Zuständigkeit' oder ‚Machtbefugnis' – meint demnach schlicht das, was ein Mensch ‚kann'. Kompetent ist ein Mensch, der über Sachkenntnis verfügt, mit der er umgehen und zu der er sich verhalten kann. Kompetenzen setzen sich zusammen aus den drei Dimensionen der Kenntnisse, Fertigkeiten und Einstellungen, oder, gleichbedeutend: Wissensbestände, Fähigkeiten und Techniken sowie Bereitschaften und Haltungen – und zwar in ihrem wechselseitigen Zusammenspiel.

Kompetenz in der Pädagogik

Dieser letzte Zusatz ist deshalb wichtig, weil in der Befragung durchaus auch solche Bildungsprozesse vor Augen stehen können, in denen etwa eine der drei Dimensionen – die der Kenntnisse, die der Fertigkeiten oder die der Einstellungen und Haltungen – eindeutig im Vordergrund steht. Gleichwohl müssen die beiden anderen Dimensionen hinzutreten, um von Kompetenz reden zu können.

Damit sind zugleich zwei häufig anzutreffende Missverständnisse anzusprechen, die immer wieder auftreten.

Zum einen lassen sich die drei genannten Dimensionen des Kompetenzbegriffs – die der Kenntnisse, der Fähigkeiten/Fertigkeiten sowie der Einstellungen/Haltungen – nicht etwa abbilden auf bestimmte Unterrichtsfächer. Anzunehmen, dass es etwa im Lateinunterricht nur um Kenntnisse, im Sportunterricht nur um Fertigkeiten und in Religionslehre, Ethik oder Philosophie nur um Einstellungen und Haltungen gehe, wäre ebenso fatal wie das zweite Missverständnis, Kenntnisvermittlung sei alleine oder vor allem die Aufgabe des Gymnasiums, praktische Fertigkeiten seien Ziel des mittleren Bildungsabschlusses und mit Einstellungen und Haltungen sei vor allem die Hauptschule befasst.

Wir müssen vielmehr festhalten:

Erste Bestimmung
Kompetenzen beschreiben die Befähigung eines Menschen im Blick auf seine Kenntnisse, Fertigkeiten und Einstellungen in ihrem wechselseitigen Zusammenspiel. Erst dann, wenn diese drei Dimensionen des Kompetenzbegriffs im Blick sind, ist sinnvollerweise von Kompetenz zu reden.

4. Kompetenz und Performanz

An dieser Stelle ist noch auf eine zweite Quelle des Kompetenzbegriffs hinzuweisen, nämlich die Sprachwissenschaft, genauer: die Linguistik. In der so genannten Sprechakttheorie wurde noch vor der Pädagogik die Unterscheidung zwischen *competence* und *performance* eingeführt (Chomsky, 1965, 4), die wiederum auf die klassische Unterscheidung zwischen *langue* und *parole* (de Saussure, 1967) zurückgreift. Was ist damit gemeint? Wir können Folgendes beobachten: Wann immer Menschen kommunizieren, bedienen sie sich einer Sprache bzw. eines Systems von Zeichen. ‚Sprache' steht in diesem Zusammenhang für ein Repertoire an Wörtern, die nach bestimmten Sprachregeln miteinander verknüpft werden können, um sinnvolle Sätze und Aussagen damit zu produzieren. Bevor es also zum Sprechakt (*performance*) kommt, müssen wir über Sprachkompetenz (*competence*) verfügen. Je größer die Sprachkompetenz ist, auf die wir zugreifen können, desto größer ist der Spielraum an Sprachspielen und Sprechmöglichkeiten, die wir aktivieren und realisieren können, um zu kommunizieren. Kompetenz in diesem Sinne besteht also nicht nur aus den praktisch wirksamen und vorweisbaren Kenntnissen, Fertigkeiten und Einstellungen, sondern meint zugleich eine Wahlmöglichkeit und damit verbunden eine bestimmte Bereitschaft und Disposition, die jeweils neu und immer wieder anders aktiviert werden kann.

Kompetenz in der Sprechakttheorie

Realisiert sich also nach der Definition, die auf das Eingangsexperiment folgte (1. Bestimmung), Kompetenz in der ausgeführten Handlung selbst, so bildet nach diesem zweiten Verständnis Kompetenz die Voraussetzung von Handlungsfähigkeit. Beide Verständnisse schließen einander nicht aus. Ganz gleich nämlich, ob man Kompetenz als Disposition dem konkreten Akt logisch vorordnet oder ob man von Kompetenz erst im Zusammenhang mit konkreten Akten und Fähigkeiten redet, kann man festhalten:

> **Zweite Bestimmung**
> Es gibt keine Kompetenz ohne Performanz, aber auch kein Handeln ohne Disposition.

Dieser Zusammenhang zwischen Bereitschaft und Handlungsfähigkeit prägt auch die viel zitierte Definition von Franz-Emanuel Weinert. Für Weinert sind Kompetenzen „die bei Individuen verfügbaren oder durch sie erlernbaren kognitiven Fähigkeiten und Fertigkeiten, um bestimmte Probleme zu lösen, sowie die damit verbundenen motivationalen, volitionalen (auf Willensentscheidung beruhend, d. Vf.) und sozialen Bereitschaften und Fähigkeiten, die Problemlösungen in variablen Situationen erfolgreich und verantwortungsvoll nutzen zu können" (Weinert, 27 f.). Diese Definition hat allerdings eine Tendenz, Kompetenzen einseitig als kognitiv-problemlösendes Verhalten zu beschreiben. Für die Gesamtheit der schulischen Anforderungen, die beispielsweise auch von kreativer, gestalterischer, reflexiver

Motivationale, volitionale und soziale Faktoren

Art oder schlicht zweckfrei sein können, bedarf es meines Erachtens eines weiteren Begriffs von Kompetenz.

Wir kommen damit zu einer ersten abschließenden Definition, die sowohl die geschilderten Unterrichtserfahrungen als auch die die Begriffsbestimmung von F.-E. Weinert aufnimmt, und bestimmen folgendermaßen:

Definition:
Kompetenzen geben Auskunft über das, was jemand kann, und zwar in dreifacher Hinsicht: im Blick auf seine Kenntnisse, seine Fähigkeit damit umzugehen, und seine Bereitschaft, zu den Sachen und Fertigkeiten eine eigene Beziehung einzugehen. Kompetenzorientierter Unterricht zielt auf die Ausstattung von Lernenden mit Kenntnissen, Fähigkeiten/Fertigkeiten sowie die Bewusstmachung und Reflexion von Einstellungen/Haltungen. Kompetent ist, wer sich darauf einlassen kann, mit Sachverstand mit Dingen umzugehen. Kompetenzen sind Fähigkeiten unter dem dreifachen Aspekt von Kenntnissen, Fertigkeiten und Einstellungen. Kompetenzen äußern sich in konkreten Handlungen.

5. Kompetenzerwartungen aus der Perspektive von Lernenden

,sich kompetent machen'

Im Eingangsexperiment wurde ausdrücklich darauf hingewiesen, dass die Unterrichtserfahrung nicht ausschließlich aus eigener Lehrtätigkeit stammen muss. Dies lässt sich an folgendem Beispiel noch einmal vergegenwärtigen:

> Sie beabsichtigen, trotz knapper Freizeit, das heißt unter hohem Erfolgsdruck, den Besuch einer Vortragsreihe zum Thema ,Ökologische Putzmittel im Haushalt'. Weil Ihre Zeit knapp bemessen ist, soll sich der Besuch für Sie ganz buchstäblich lohnen. Sie entschließen sich deshalb, der Referentin oder dem Referenten zuvor einen Besuch abzustatten, um nachzufragen, was an diesen Vortragsabenden denn ,gemacht werde'. Nun wird die Antwort im schlechtesten Fall darin bestehen, dass man Ihnen eine Broschüre zeigt mit der Auskunft: Das machen wir durch, denn diese Broschüre enthält sozusagen den Lehrplan, das Programm. Enttäuscht stellen Sie fest, dass Sie eigentlich etwas anderes erfahren wollten, nämlich, ob sie nach Besuch dieser Vortragsreihe beispielsweise 1. die Zusammensetzung der verschiedenen Putzmittel kennen, 2. sie gezielt im eigenen Haushalt einsetzen können und damit 3. für sich selbst ein Urteil darüber fällen können, ob und inwiefern Sie Ihre Informationen bei sich zu Hause in praktische Konsequenzen umsetzen sollten.

Welche anderen Antworten dieselbe Referentin statt der geschilderten hätte geben können, muss im übernächsten Abschnitt gefragt werden. Was an diesem Beispiel deutlich werden soll, ist jedoch, dass wir auch ohne den Rückgriff auf den Kompetenzbegriff den Erfolg von Bildungsbemühungen im Grunde schon immer daran messen, inwieweit Bildung zu Befähigung führt, und zwar in dem dreifach entfalteten Verständnis. Der Zusammenhang von Kenntnissen, Fertigkeiten und Einstellungen ist unabweisbar. Der mögliche Einwand, dass es sich bei dem zuletzt angeführten Beispiel ja um das selbstbestimmte Bildungsinteresse eines mündigen, erwachsenen Menschen handelt – eine Voraussetzung, die etwa in der Schule zumeist gerade nicht zutrifft – wird uns weiter unten noch beschäftigen.

Zusammenfassend bleibt festzuhalten:
1. Kenntnisse, Fertigkeiten und Haltungen beschreiben die notwendigen Dimensionen eines gelingenden Bildungsprozesses, und zwar unter der Perspektive seines Ertrags.
2. Die eigene Unterrichts- und Lernerfahrung bestätigt, dass es zumindest ein heimliches Curriculum für nahezu alle Bildungsprozesse gibt, das darin besteht, Menschen im geschilderten Sinne kompetent zu machen, oder, mit einem anderen Wort: zu befähigen.
3. Die jeweiligen Anteile von Kenntnissen, Fertigkeiten und Einstellungen werden zwischen den unterschiedlichen Bildungsgängen – also etwa zwischen verschiedenen Bildungsanlässen oder Unterrichtsfächern – variieren. Bei reinen *Aus*bildungsgängen wird der Anteil der Fertigkeiten überwiegen, bei einem *frontalen Vortrag* wird der Anteil an Kenntnisvermittlung überwiegen. Doch es ist zurückzufragen, ob jemand, der lediglich die Handhabung eines Werkzeugs beherrscht, oder jemand, der sich etwas ‚einmal angehört' hat oder jemand, der lediglich über Neugier auf eine Sache verfügt, im geschilderten oder auch nur im landläufigen Sinne als kompetent zu bezeichnen ist.
4. Sämtliche Schulvergleichsstudien belegen einen eindeutigen Zusammenhang zwischen der Bereitschaft und der Offenheit für eine Sache und der Fähigkeit, mit den Sachen umzugehen. Ganz ausdrücklich wird in der PISA-Studie ein Zusammenhang hergestellt zwischen der Neigung von Kindern und Jugendlichen, aus eigenem Antrieb ein Buch zur Hand zu nehmen, und ihrer Lesefähigkeit (*literacy* oder *reading competence*, PISA 2000, S. 113–116). Einstellungen, Haltungen und Dispositionen sind also keine Domäne eines Weltanschauungsunterrichts. Jugendliche, denen niemals die Faszination des Spiels mit Worten begegnet ist, werden umso größere Schwierigkeiten haben, „verschiedene Formen mündlicher Darstellung (zu) unterscheiden und an(zu)wenden, insbesondere erzählen, berichten, informieren, beschreiben, schildern, appellieren, argumentieren, erörtern" (KMK-Standards Deutsch, 15). Kinder, denen niemals „Zahlenfreunde im Matheland" begegnet sind (Beutelspacher, In Mathe war ich immer schlecht … , 2001), tun sich entsprechend schwer mit Rechenoperationen, wenn sie etwa „in konkreten Situationen kombinatorische Überlegungen durchführen (müssen), um die Anzahl der jeweiligen Möglichkeiten zu bestimmen" (KMK-Standards Mathematik, 14).

5. Daraus resultiert eine fast schon trivial erscheinende, aber überaus folgenreiche Einsicht: Lediglich gewusste ‚Sachen‘, also Informationen und Wissensbestände, bleiben kaum haften. Diese Einsicht ist nicht neu und wurde in der Vergangenheit mit der Forderung nach affektivem und pragmatischem Lernen bzw. nach Handlungs- und Lebensbezug im Unterricht beantwortet. In der aktuellen Diskussion wird die angestrebte Langzeitwirkung von Bildungsbemühungen mit dem Begriff der Nachhaltigkeit umschrieben. Dieser Begriff ist insofern missverständlich, als das Adjektiv ‚nachhaltig‘ ja tatsächlich gleichbedeutend ist mit ‚lange andauernd, lange wirksam‘; das Substantiv ‚Nachhaltigkeit‘ beschreibt in der Ökologie und der Ökonomie jedoch den schonenden Umgang mit Ressourcen, was für die Bildung so nicht gemeint sein kann. Es kann nur um nachhaltige Bildung gehen, also Bildung, deren Erträge nachwirken.

Die alltägliche Erfahrung, wie wenig nachhaltig gelernt und wie viel verlernt und vergessen wird, gehört zu den tiefsten Frustrationen und den größten Herausforderungen des Lehrberufs. Trotzdem oder gerade deshalb rate ich zu großer Zurückhaltung, was die Nachhaltigkeit als Qualitätskriterium des guten Unterrichts angeht. Zum einen muss die auch nur angedeutete Erwartung oder gar Verheißung, mit diesem oder jenem didaktischen Modell lernten die Kinder nun erstmalig nachhaltig, also mit Langzeitwirkung, jedes didaktische Modell von vornherein überfordern und damit diskreditieren. Zum anderen erweisen sich gerade im Blick auf die Langzeitwirkung von Bildungsereignissen häufig ganz andere Faktoren und Erfahrungen als die eigentlich wirksamen und prägenden; man denke nur an die so genannte Lehrer(innen)persönlichkeit, an Raumerfahrungen, Gerüche, Stimmungen und vieles mehr. Diese beiden Einschränkungen bedeuten nicht die Kapitulation. Der Ansatz der Kompetenzorientierung erlaubt es vielmehr, diese an sich berechtigten Forderungen noch einmal genauer in den Blick zu nehmen und zu präzisieren.

Nachhaltigkeit als Qualitätskriterium

II. Kompetenzen und Bildungsstandards

Niemand will inkompetent sein. Wer andere unterrichtet, will sie – bewusst oder unbewusst – kompetent machen, sie mit Kenntnissen und Sachwissen, mit Fähigkeiten und Fertigkeiten ausstatten sowie ihre Einsichten, Einstellungen und Haltungen prägen und stärken. Wie müssten demnach verbindliche staatliche Vorgaben für öffentliche Schulen lauten?

Das folgende Kapitel greift eigene Erfahrungen und Erwartungen aus dem ersten Kapitel auf und bringt sie ins Gespräch mit aktuellen curricularen Vorgaben in Form von Bildungsstandards. Dabei wird deutlich, was sich hinter Bildungsstandards in der gegenwärtigen Diskussion verbirgt – und welche notwendigen Anschlussfragen gestellt und beantwortet werden müssen. Die zwei zentralen Fragen lauten:

► Wie werden in Bildungsstandards in Form von Kompetenz- oder Leistungsstandards die notwendigen Stoffe und Inhalte schulischer Bildung berücksichtigt?

► Wie lassen sich Kompetenzen operationalisieren und skalieren? Wie lässt sich Unterricht, der sich am Kompetenzerwerb von Kindern und Jugendlichen orientiert, planen, durchführen und evaluieren?

In diesem Kapitel geht es zunächst nur um das notwendige Problembewusstsein; Antworten werden in den Kapiteln III. und IV. angeboten. Dahinter verbirgt sich die Überzeugung, dass Antworten erst dann ihre Bedeutung entfalten können, wenn zuvor die entscheidenden Fragen einleuchten und nachvollzogen werden.

Bislang war zwar längst von Kompetenzen die Rede; Bildungsstandards, Lehrpläne oder andere curriculare Vorgaben waren noch gar nicht im Blick. Diese Vergewisserung ist aus zwei Gründen von entscheidender Bedeutung.

Induktiver Ansatz

Zum einen wird in diesem Buch ein induktiver Ansatz verfolgt. Das heißt: Am Anfang stehen nicht Bildungsstandards gleich welcher Art, denen nun ein Verständnis abgerungen wird, sondern umgekehrt: Von konkreten Erfahrungen des Lehrens und Lernens soll ein angemessenes Verständnis von Kompetenzorientierung abgeleitet werden. Den Ertrag dieses induktiven Wegs könnte man so formulieren: Es wird in deutschen Schulen längst an vielen Stellen kompetenzorientiert unterrichtet – allerdings nicht nach vorgegebenen Kompetenzstandards, weil es solche bisher praktisch nicht gab. Anders formuliert: Der induktive Zugang zeigt regelmäßig, dass Lehrerinnen und Lehrer zum Bildungsziel Kompetenzerwerb nicht etwa überwältigt oder gezwungen werden müssen, sondern – zumeist unbewusst – längst beabsichtigen, Schülerinnen und Schüler durch Unterricht ‚kompetent' in der beschriebenen Weise zu machen.

Kompetenzerwerb ohne Bildungsstandards

Zum anderen zeigt sich bei allen Versuchen, Bildungsstandards in Schulen einzuführen, dass der deduktive Weg vom Begriff zur Sache auf größte Verständnisblockaden stößt. Lehrkräfte fühlen sich in aller Regel bemüßigt, ihre bisherige Unterrichtspraxis gegen die Zumutung von Bildungsstandards zu verteidigen. Es gibt keine heimliche Botschaft in diesem Buch, die neue curriculare Vorgaben fordert, weil aller bisheriger Unterricht ungenügend, falsch oder ziellos gewesen sei. Natürlich wird es auch jetzt schon Unterricht geben, der auch nach der Einführung von Bildungsstandards noch Bestand

Was ist neu?

haben wird; aber nicht deshalb, weil Bildungsstandards ja „im Grunde nichts Neues" sind, was fälschlicherweise immer wieder kolportiert wird. Neu ist aber unzweifelhaft, dass Bildungsstandards als Kompetenzstandards den Kompetenzerwerb der Lernenden explizit in den Blick rücken.

Der Blick richtet sich nun also gezielt auf die Ebene der Lehrpläne, um die Frage zu beantworten: Was wird anders durch die Einführung von Bildungsstandards?

1.   Vom Input zum Output

„Herkömmliche Lehrpläne, Bildungspläne, Rahmenpläne sind vom Stoff her aufgestellt. Bestimmte Stoffe werden den Altersphasen entsprechend ausgewählt und einem Zeitraum zugewiesen, in dem sie sich (vermeintlich) behandeln lassen. … Intentionen für die Behandlung des Stoffes werden gewöhnlich – wenn überhaupt – nur pauschal und präambelhaft genannt. … Von hier aus ergibt sich die Forderung nach bestimmten, beschriebenen und kontrollierbaren Lernzielen für das Neustrukturieren von Lehrplänen" (Stachel, 77). Dieses Zitat ist mittlerweile fast dreißig Jahre alt und datiert weit vor der letzten Lehrplanreform in den meisten Bundesländern. Die Frage, wie zielorientiert curriculare Vorgaben sein können und müssen, ist unvermindert aktuell. Aber sie wird heute anders beantwortet als noch vor dreißig Jahren.

Die Eingangsbesinnung über eigene Unterrichtserfahrung (vgl. **Abb. 2**) richtete die Reflexion zuerst auf die Impulse, die in den Unterricht eingegeben wurden, danach auf die erhofften bzw. erwarteten Erträge auf Seiten der Schülerinnen und Schüler. Diese beiden unterschiedlichen Blickrichtungen kann man auch mit einem plastischen, in der Sache aber wenig geeigneten, Begriffspaar umschreiben. Die Frage nach den Unterrichtsimpulsen ist, mit einem gebräuchlichen Anglizismus ausgedrückt, die Frage nach dem ‚Input'. Genau solche Inputformulierungen kennzeichnen die meisten herkömmlichen bzw. zuletzt gültigen Lehrpläne. Lehrpläne unterrichten die Lehrkräfte darüber, was sie in der Schule zu unterrichten haben. Dementsprechend bieten die meisten Lehrpläne sachlich und chronologisch geordnete Aufzählungen von ‚Sachen', also Unterrichtsgegenständen, Themen oder Inhalten, die die Unterrichtenden in didaktische Prozesse zu verwandeln haben. Mit welchem Ziel sie das tun, wird in einigen Lehrplänen in Form von Intentionen angegeben, in anderen werden eher vage Angaben gemacht über unterrichtliche Prozesse („Die Schülerinnen und Schüler *lernen*, … *erfahren*, … *entdecken*"); in vielen Lehrplänen fehlen solche Zielvorgaben völlig, vor allem, wo es sich um Lehrpläne für die Sekundarstufe I und II handelt. Und selbst da, wo Andeutungen über Ziele im Lehrplan aufgenommen sind, fragt sich, welche Steuerungsfunktion sie überhaupt übernehmen können.

Im zweiten Schritt der Eingangsbesinnung wurde nach dem erhofften Ertrag der Bildungsbemühungen auf Seiten der Schülerinnen und Schüler gefragt. Sucht man nach einem plastischen Gegenbegriff zum Input, so könnte man den Unterrichtsertrag ebenfalls anglisierend als ‚Output' bezeichnen; im englischen Sprachraum findet sich an dieser Stelle auch häufig die Bezeichnung ‚outcome'. Beide Begriffe, vor allem der des output, stammen aber so eindeutig aus der Welt der Warenproduktion und der Ökonomie, dass sie für die Pädagogik nicht sonderlich hilfreich sind und vermieden werden sollten. Die Rede vom ‚output' bzw. vom ‚outcome' macht lediglich anschaulich, dass ein kompetenzorientierter didaktischer Ansatz versucht, den Wert und die Qualität von Bildungsprozessen vom Unterrichtsertrag auf Seiten der Schülerinnen und Schüler her zu beurteilen. Die Steuerungskraft eines inputorientierten Lehrplans lässt sich – vereinfacht ausgedrückt – mit folgender Kontrollfrage überprüfen: Wann ist ein inputorientierter Lehrplan ‚erfüllt'? Antwort: Wenn die Lehrkraft mit einem Bleistift die vorgegebenen Inhalte, Themen und Impulse kontrolliert unter der Fragestellung: Was habe ich gemacht? Was muss ich noch durchnehmen? Wer kennt nicht folgende ausgedachte, aber höchst reale Kommunikation im Lehrerzimmer: Ein Kollege bittet die Kollegin um eine kurze Auskunft darüber, ob sie denn „in Klasse 8b im letzten Jahr Luther gemacht" habe. Ganz gleich, wie die Antwort ausfällt: Spätestens im Angesicht der Schülerinnen und Schüler wird sich erweisen, wie überflüssig die Antwort der Kollegin war – weil schon die Frage nicht zielführend gestellt war. Was eigentlich erfragt werden sollte, war: „Wenn Sie im letzten Jahr Martin Luther behandelt haben: Worauf

Input-Orientierung

Output bzw. outcome

haben Sie Wert gelegt? Was kann ich bei den Jugendlichen voraussetzen, woran kann ich anschließen?" Im Sinne dieses Buches formuliert: „Was wissen und können die Schülerinnen und Schüler nach ihrer Begegnung mit dem Inhalt Martin Luther?" Es sei dahingestellt, ob die entsprechende Auskunft der Kollegin sich anschließend bei den Schülerinnen und Schülern als zutreffend erweist. Das Grundproblem einer input-orientierten Auskunft besteht darin, dass der Kollege ja nicht ahnen kann, was es für die Kollegin bedeutet, ‚Luther zu machen'. Geradezu kurios wird der angedeutete Dialog, wenn die Antwort auf die Frage: „Was machen Sie am Freitag in der 9a?" lautet: „Am Freitag mache ich noch kurz den Luther fertig." Eine solche Rede- und Denkweise wird durch inputorientierte Lehrpläne geradezu befördert. Herkömmliche „Lehrpläne geben an, was ‚gelehrt' werden soll. Ein (kompetenzorientierter, d. Vf.) Bildungsplan gibt an, was junge Menschen im weitesten Sinne des Wortes ‚lernen' sollen" (H. v. Hentig, Einführung in den Bildungsplan Baden-Württemberg 2004, 7), Daraus kann man schließen: Lauten die Lehrplanvorgaben sinngemäß so, wie die befragten Lehrkräfte mit eigenen Worten Erwartungen an Unterrichtserträge formuliert haben – „Die Schülerinnen und Schüler wissen, dass … Sind in der Lage, zu erläutern, wie …; können darstellen, inwiefern …" – so wäre die Kontrollfrage: „Was habe ich gemacht?" offensichtlich untauglich. Die Frage müsste vielmehr lauten: Lernen die Kinder das? Können die Jugendlichen das? Verfügen sie über diese Kenntnisse, Fertigkeiten und können ihre Einstellungen reflektieren? Und die Antworten könnten heißen: „Das können sie, das üben wir noch, das können sie kaum." Bereits an dieser Kontrollfrage wird deutlich: Ergebnis- und zielorientierte Lehrplanvorgaben – hier: kompetenzorientierte Vorgaben – rücken den Blick weg von den zu behandelnden ‚Sachen' und hin zu den zu befähigenden Schülerinnen und Schülern. Sie rücken damit zugleich den Lehrkräften viel deutlicher zu Leibe.

Kontrollfrage: „Was habe ich gemacht?"

Die faktische Inputorientierung herkömmlicher Lehrpläne und die fragwürdige Steuerungskraft bisheriger Zielvorgaben in Form von ‚Intentionen', Paraphrasen oder Andeutungen zum Lernprozess – sofern überhaupt vorhanden – zeigt sich nicht zuletzt darin, dass etwa in einer Fachkonferenz der Austausch darüber, was in einer Klasse denn an Stoffen ‚durchgenommen' wurde, kaum Rückschlüsse zulässt, welchen Ertrag die Schülerinnen und Schüler denn durch die Behandlung des Stoffes mitgenommen haben, oder, noch schlichter: was sie denn nun *können*. Das von PISA festgestellte Defizit – das ist die letzte explizite Bezugnahme – in deutschen Schulen bestand ja nicht darin, dass in deutschen Schulen weniger Stoffe behandelt wurden als in anderen Ländern, sondern dass die Behandlung dieser Stoffe in viel zu geringem Maße dazu geführt hat, dass die Jugendlichen mit Lesefähigkeit, mit mathematischer und mit naturwissenschaftlicher Kompetenz ausgerüstet wurden. Genau das aber sollte doch nach übereinstimmender Auskunft aller Verantwortlichen das oberste Ziel schulischer Bildung sein.

2.   Bildungsstandards

Wenn Bildung nun aber Kenntnisse, Fertigkeiten und Einstellungen nicht nur anbieten, sondern anbahnen, aufbauen und vermehren will, besteht ein begründetes Interesse daran, die Verlässlichkeit im Bezug auf den Ertrag von Bildungsgängen zu steigern. Anders ausgedrückt: Wenn etwa ein Kollege, eine Kollegin, eine Klasse übernimmt oder wenn Kinder an weiterführende Schulen abgegeben werden, gibt der Verweis auf die behandelten und durchgenommenen Stoffe und Themen kaum Auskunft darüber, wo der weiterführende Bildungsgang anschließen, was er voraussetzen und worauf er aufbauen kann. Es besteht also ein großes Interesse daran, die Gewissheit im Blick auf den Ertrag von Bildungsgängen zu steigern. Nichts anderes verbirgt sich hinter dem Begriff der Bildungsstandards.

Die bisher veröffentlichten Bildungsstandards in Deutschland sind (Schüler-)Leistungsstandards in Form von Kompetenzformulierungen. Dass Leistungsstandards alleine nicht hinreichend sein können, um die Qualität von Schule und Unterricht insgesamt zu steuern, muss an anderer Stelle diskutiert werden und ist nicht Gegenstand dieses Buches. Dass sie ein *notwendiges* Instrument zur Steuerung von Bildungsqualität sind bzw. werden könnten, dürfte deutlich geworden sein.

> **Definition:**
> Bildungsstandards beschreiben den von der Bildungseinrichtung zu garantierenden bzw. garantiert anzustrebenden Ertrag von Bildungsgängen. In allen veröffentlichten Formen bestehen Bildungsstandards in einer Aufzählung von Befähigungen, also von Kompetenzen, mit denen Schülerinnen und Schüler bis zum Ende eines Bildungsganges auszustatten sind.

3.   Kompetenzen und Inhalte

Kompetenzen als Beschreibungen dessen, was ein Mensch kann, also über welche Kenntnisse, Fertigkeiten und Einstellungen er verfügt, haben nun jedoch ein eigentümlich schwankendes Verhältnis zu den Inhalten, anhand derer sie erzielt werden sollen. Dies liegt zum Teil im Begriff und in der Natur von Kompetenzen selbst begründet.

Betont man im Verständnis von Kompetenzen vor allem den Aspekt der Fertigkeiten, der Techniken und Umgangsformen, so treten die konkreten Inhalte und Anlässe, an denen solche Kompetenzen wirksam werden, tatsächlich in den Hintergrund. Hier ist die Diskussion um so genannte Schlüsselkompetenzen oder Basisqualifikationen zu Hause: die Fähigkeit, verständlich zu artikulieren, in Gruppen verantwortungsvoll zu agieren oder mit Werkzeug umsichtig umzugehen, ist tatsächlich auf die unterschiedlichsten Inhalte und Lernsituationen anwendbar. Erst wenn man in den Begriff der Kompetenzen auch Kenntnisse, Einstellungen und Haltungen

Schlüsselkompetenzen, Basisqualifikationen

mit einbezieht, wird deutlich, dass Kompetenzen ohne Inhalte geradezu absurd sind. Doch der Zusammenhang von Kompetenzen und Inhalten erfordert noch etwas genauere Beachtung.

Am Beispiel etwa der Lesekompetenz lässt sich ja durchaus ernsthaft fragen, an welchen notwendigen Inhalten, das heißt, an welchem zwingenden Textkanon, Schülerinnen und Schüler die Fähigkeit, „flüssig, sinnbezogen, überfliegend, selektiv, navigierend" zu lesen (KMK-Standards Mittlerer Bildungsabschluss Deutsch, 18) erwerben. Die Antwort ist eindeutig: Es gibt keinen festen und zwingenden Kanon an Texten, Inhalten und Übungsbeispielen für diese Lesefähigkeit. Im Gegenteil: Jeder sinnvolle, altersentsprechende Text kann dazu geeignet sein, Lesekompetenz zu vermitteln. Das Ziel besteht ja alleine darin, dass etwa ein Jugendlicher aus Süddeutschland und eine Schülerin aus Norddeutschland einander begegnen mit einem Text, der beiden unbekannt ist, und diesen Text so lesen können, dass sie sich anschließend über dessen Inhalt sachgerecht austauschen können. Die Rückfrage des süddeutschen Schülers, ob seine Gesprächspartnerin denn auch Mörikegedichte, oder umgekehrt: ob er denn auch Novellen von Theodor Storm gelesen habe, ist im Blick auf die gemeinsame Lesekompetenz vollkommen bedeutungslos.

Ein einseitig kompetenzorientierter Lehrplanansatz bestünde infolgedessen darin, der Schule lediglich allgemeine Kompetenzen an die Hand zu geben im Vertrauen darauf, dass geeignete Inhalte sich schon finden werden. Die vorliegenden Bildungsstandards zeigen jedoch ein anderes Bild, und das ist von entscheidender Bedeutung auch für den Unterricht.

Bei der Formulierung von Bildungsstandards für Fächer und Fächerverbünde stellte sich bald heraus, dass sich zwar tatsächlich in allen Fächern bestimmte allgemeine Kompetenzen – wenn man so will: Schlüsselkompetenzen oder Basisqualifikationen – benennen lassen; es gibt ja schließlich einen allgemeinen, Fächer übergreifenden Bildungsauftrag. Es gibt Grundfähigkeiten, wie das Lesen, das Kommunizieren, das Arbeiten oder Präsentieren, die in jedem Fach an jeweils fachspezifischen Gegenständen erworben werden können. Gleichzeitig meldete sich im Prozess der Ausformulierung von Kompetenzstandards immer wieder ein materiales Interesse an bestimmten Bildungsgütern, oder, einfacher: an bestimmten Inhalten zu Wort. Mit anderen Worten: Es ist für Biologen unvorstellbar, dass Schülerinnen und Schüler zwar lernen, Präparate herzustellen oder zu mikroskopieren, dabei aber während ihrer ganzen Schullaufbahn weder der Kaulquappe noch der Apfelblüte begegnen. Für jedes andere Fach lassen sich vergleichbare materiale Bildungsgüter nennen, die auch in einem an Kompetenzstandards orientierten Bildungsplan zur Geltung kommen sollen und können.

Hier gilt es der Befürchtung entgegenzutreten, Kompetenzorientierung bedeute den generellen Verzicht auf Inhalte. Dabei lautet die Frage lediglich: Welche Kompetenzen können *an welchen Inhalten* erworben werden?

Diese Überlegung hat dazu geführt, dass die überwiegende Zahl von Bildungsstandards nun mehr oder weniger deutlich inhaltliche Bezüge auf-

Variable Inhalte

Kompetenzen und Bildungskanon

weisen: Die Jugendlichen sollen eben nicht nur irgendwelche „Textformen" unterscheiden können, sondern dezidiert „epische, lyrische, dramatische Texte …, insbesondere epische Kleinformen, Novelle, längere Erzählung, Kurzgeschichte, Roman, Schauspiel, Gedichte" (KMK-Standards Mittlerer Bildungsabschluss Deutsch, 18). Entscheidend ist nun aber, dass auch bei solchen inhaltsbezogenen Standards eine gewisse Variabilität im Verhältnis zu den Inhalten erhalten bleibt. Ein Inhalt könnte ja in ganz unterschiedlicher Weise für den Erwerb verschiedenartiger Kompetenzen fruchtbar gemacht werden. Und eine bestimmte Kompetenz könnte an ganz unterschiedlichen Inhalten geschult werden. Das Verhältnis von Kompetenzen und Inhalten ist im besten Sinne des Wortes ‚dialektisch': Beide bedingen einander, behalten aber ihre Variabilität.

Dialektik von Kompetenzen und Inhalten

Sollen beispielsweise die Schülerinnen und Schüler im Deutschunterricht befähigt werden, „Zusammenhänge zwischen Text, Entstehungszeit und Leben des Autors/der Autorin bei der Arbeit an Texten aus Gegenwart und Vergangenheit her(zu)stellen" (KMK-Standards. ebd.), so wird den Lehrkräften damit zugetraut – und zugemutet – einen genau dafür geeigneten Text auszuwählen. Gleichzeitig wird gewiss nicht für jeden der 31 Standards aus dem Kompetenzbereich „3.3 Lesen – mit Texten und Medien umgehen" (KMK-Standards Mittlerer Bildungsabschluss Deutsch) ein neuer Text erforderlich sein. Aufgabe der Unterrichtenden wird es vielmehr sein, mehrfach geeignete Texte mit den Kompetenzstandards so ins Spiel zu bringen, dass deutlich wird, welche Kenntnisse, Fähigkeiten und Einstellungen gerade an diesem Text erworben werden können.

Das bedeutet: Texte werden künftig nach dem Kriterium auszuwählen sein, welche Kompetenzen sich am jeweiligen Text schulen lassen, das heißt: der Erwerb welcher Kompetenzen sich mit welchen Texten pädagogisch und didaktisch sinnvoll verbinden lässt.

Lautete früher die Botschaft und der Auftrag vorwiegend inhaltsorientierter Lehrpläne an die Lehrkräfte: Orientieren Sie sich über den Lehrstoff (Inhalt) und leiten Sie daraus geeignete Unterrichtsziele ab – so lautet die Aufgabe für die Lehrkräfte nun: Vergewissern Sie sich über den **Sinngehalt des Bildungsstandards** (Lernziel Kompetenzerwerb) – und finden Sie dafür geeignete Inhalte und Lernwege.

An diesen beiden Formulierungen zeigt sich noch einmal ein entscheidender Unterschied zwischen inhalts- und kompetenzorientierten Lehrplanvorgaben, und zwar im Blick auf das jeweilige Freiheits- und Gestaltungspotenzial: Handelt es sich im ersten Fall um die Freiheit und damit auch Unbestimmtheit von Lernzielen, so geht es im Falle der Kompetenzorientierung um die Vielfalt und die jeweils angemessene Gestaltung von Lernwegen.

Freiheitspotential

Zur Rückversicherung, und um Irritationen zu vermeiden, sei noch einmal in Erinnerung gerufen: Es wird hier nicht behauptet, so etwas sei Lehrkräften gänzlich fremd, so hätten sie ihren Unterricht noch niemals geplant. In manchen Fällen wird sich der pointierte Unterschied zwischen alt und neu auf den Satz reduzieren: Was viele bisher aus eigener Überlegung geplant und praktiziert haben (Was will ich, dass die Kinder am Ende können?) wird nun durch wörtliche Vorgaben nach einem bestimmten Zeitraum für alle verbindlich. Und niemand wird bestreiten, dass die Behandlung von Passatwinden, der Weimarer Republik oder der Reformation Martin Luthers an fünf verschiedenen Schulen und Schulorten bisher faktisch zu den unterschiedlichsten Ergebnissen führt. Es gibt keinerlei Gewissheit darüber, ob die Schülerinnen und Schüler, um beim letzten Beispiel zu bleiben, am Ende der Unterrichtseinheit die Weltpolitik Karls V. darstellen können, ob sie die 95 Thesen Martin Luthers von 1517 auswendig aufsagen oder gliedern oder interpretieren können oder ob sie in der Lage sind, aktuelle Fragen der protestantisch-katholischen Ökumene zu bearbeiten.

> **Es lässt sich also festhalten:**
> Bildungsstandards dienen der Zielorientierung gelingender Bildung, indem sie ausweisen, über welche Kompetenzen Schülerinnen und Schüler am Ende eines bestimmten Zeitraums (‚Standardzeitraum') verfügen. Lehrkräfte sollen sich über diese Zielbestimmtheit von Bildung vergewissern, um diesen Zielen (Kompetenzerwerb) die jeweils für ihre Schülerinnen und Schüler geeigneten und sachlich gebotenen Inhalte zuzuordnen. Daraus erwachsen unterschiedliche Lernwege bei gleicher Zielperspektive. Darin liegt das eigentliche Freiheitspotenzial eines an Bildungsstandards ausgerichteten Unterrichts.

Um dieses Freiheitspotenzial in einem ersten Versuch zu erschließen, dient die folgende

→ **Reflexionsaufgabe:**
Lesen Sie die unten genannten Kompetenzstandards durch und beantworten Sie für sich die Fragen:
a. Welcher Anteil an Kenntnissen, Fähigkeiten und Einstellungen sind für Sie in diesen Kompetenzstandards enthalten?
b. Mit welchen Inhalten ließe sich die geforderte Kompetenz sinnvollerweise verbinden?
Beispiele:
Die Schülerinnen und Schüler können
▶   verschiedene Medien für die Darstellung von Sachverhalten nutzen (Präsentationstechniken): z. B. Tafel, Folie, Plakat, Moderationskarten. (KMK Mittlerer Bildungsabschluss Deutsch, 15)
▶   Aufmerksamkeit für verbale und nonverbale Äußerungen (z. B. Stimmführung, Körpersprache) entwickeln. (ebd.)

4. Zusammenfassung: Bildungsstandards als Kompetenzstandards

Kompetenzstandards formulieren den erwarteten und verbindlich anzustrebenden Ertrag von Bildungsgängen in Form von Kenntnissen, Fähigkeiten/Fertigkeiten und Einstellungen/Haltungen der Schülerinnen und Schüler. In allen veröffentlichten Bildungsstandards sind die Schülerinnen und Schüler deshalb entweder explizit oder jedenfalls sinngemäß das logische Subjekt. Schon durch diese sprachliche Form lässt sich festhalten: Bildungsstandards sind in ausdrücklicher Weise schülerorientiert. Sie orientieren sich an einer Befähigung der Kinder, Jugendlichen und Heranwachsenden, die der Unterricht aufbauen soll. Bildungsstandards sind deshalb zugleich nicht nur schüler-, sondern auch ergebnis- und prozessorientiert.

Definition:
Bildungsstandards in Form von Kompetenzstandards sind

▶ schülerorientiert; ihr logisches Subjekt sind jeweils die Schülerinnen und Schüler;

▶ ergebnisorientiert; es wird formuliert, was Schülerinnen und Schüler, wenn sie an geeigneten Inhalten erfolgreich lernen, am Ende können;

▶ prozessorientiert; kein Jugendlicher, der etwa den mittleren Bildungsabschluss anstrebt, ,kann nicht' lesen, schreiben, sprechen oder rechnen. Aber viele können dies nicht in ausreichendem, altersentsprechendem Maße. Im Blick auf die anzustrebende Kompetenz sind alle Schülerinnen und Schüler unterschiedlich weit, das heißt unterschiedlich weit vom Anfang wie vom Ziel entfernt.

schülerorientiert, ergebnisorientiert, prozessorientiert

Die damit unmittelbar verbundene didaktische Frage lautet: Wie werden solche Lernprozesse und Lernwege geplant, organisiert, inszeniert, begleitet und schließlich auch überprüft?

5. Anschlussfragen

Ein letzter Baustein muss dieses Kapitel zum Kompetenzverständnis abschließen. Die eingangs geschilderte Rückbesinnung auf eigene Unterrichtserfahrung hat ergeben, dass die meisten Bildungsbemühungen unabhängig von den jeweiligen curricularen Vorgaben wenigstens implizit bereits auf den Kompetenzerwerb der Adressatinnen und Adressaten zielen: Bildung soll Kenntnisse, Fertigkeiten und Einstellungen vermitteln (I.1). Solche Befähigung braucht konkrete Lernanlässe, Stoffe, Gegenstände und Inhalte, um sich nicht im Erwerb unbestimmter „Schlüsselqualifikationen" zu erschöpfen (II.3). Jedoch sind Befähigungen bestenfalls das Ergebnis von Lernprozessen, die wiederum in den seltensten Fällen bei Null beginnen. Das Lernen spielt sich zwischen zwei Polen ab, die sich mit den zwei Sätzen

Kompetenzen zielen auf Lernprozesse: vom geringeren zum besseren Können

charakterisieren lassen: Kein Kind kann nichts, und niemand kann alles. Alles Lernen ist folglich immer an irgendeiner Stelle unterwegs zwischen diesen beiden Extremen. Diesen Lernwegen gilt der nächste und letzte Schritt in der Verständigung über kompetenzorientiertes Lehren und Lernen.

5.1 Das Erwartungsniveau des Unterrichts

Die Erfahrung im Umgang mit eigenen Unterrichtserwartungen (Experiment Kap. I.1) zeigt bei genauerem Hinsehen folgende drei Besonderheiten:

komplexe Erwartungen

1. Die Befragten formulieren in aller Regel nicht nur eindimensional, also etwa: Die Schülerinnen und Schüler „sollten den Namen des ersten deutschen Reichspräsidenten kennen", sie sollten „mit der Schere eine gerade Kante schneiden können" oder schlicht „sich auf das Thema einlassen können". Schon deshalb, weil es ja um den Gesamtertrag einer Bildungseinheit gehen soll, formulieren sie vielmehr: Die Schülerinnen und Schüler „sollten Bescheid wissen über …, umgehen können mit … sowie eine eigene Position ausdrücken und reflektieren können über …".

für alle plausible Erwartungen

2. Dennoch, und das ist ein kaum zu unterschätzendes Merkmal, besitzen die Erwartungen, die so zum Ausdruck kommen, höchste Verbindlichkeit und Plausibilität. Die Befragten antworten mit Ich-Botschaften. Sie verleihen ihrem pädagogischen Eros Ausdruck. Die am Gespräch Beteiligten verstehen, wie die Erwartungen der jeweils anderen „gemeint sind", sie hätten prinzipiell zu ähnlichen Äußerungen kommen können, auch wenn sie im Detail davon abweichen mögen.

Unterschiedliche Erwartungsniveaus

3. Mit beiden Beobachtungen hängt nun aber eine dritte Gemeinsamkeit aller Äußerungen zusammen, die sich zunächst häufig an typischen emotionalen Reaktionen der übrigen Teilnehmerinnen und Teilnehmer ablesen lässt. Je bescheidener die Erwartungen formuliert sind – häufig eingeleitet durch: „Es reicht mir schon, wenn …", – desto größer ist die Wahrscheinlichkeit, dass die Zuhörenden fast schon amüsiert reagieren: „Mehr erwarten Sie nicht?" Umgekehrt: je höher die Erwartung, je komplexer die Formulierung – häufig eingeleitet durch die Formulierung: „Also, ich erwarte schon, dass die Schülerinnen und Schüler …", – desto eher reagieren die Zuhörenden mit Respekt oder mit Zweifeln: „Halten Sie das für realistisch? Sie sind aber anspruchsvoll." Daraus lässt sich eine wichtige Beobachtung ableiten:

Die Antworten auf die Frage nach den Erwartungen im Blick auf den Ertrag von Bildungsbemühungen weisen immer schon ein bestimmtes Erwartungsniveau aus. Je nach ihrem Erfahrungshintergrund sind die Befragten entweder mit ihrem eigenen Erwartungsniveau zufrieden, oder aber sie formulieren bewusst bescheiden, wünschten sich aber eigentlich ein höheres Niveau – oder aber sie stilisieren, was sie ‚eigentlich' gern erwarten wollten. Es zeigt sich jedenfalls, dass Befähigungen als Ziel von Bildungsbemühungen immer sofort die Frage nach dem Erwartungsniveau aufwerfen.

Welches Erwartungsniveau verbirgt sich aber hinter vorgegebenen Bildungsstandards? Diese unscheinbare Frage wird den ganzen Rest dieses Buches direkt oder indirekt bestimmen. Sie kann – und muss! – an jeden einzelnen Kompetenzstandard gerichtet werden und lautet in ihrer unterrichtspraktischen Form schlicht: Was genau soll ein Kind können, was kann ein Kind, was kann ein Jugendlicher, der über diese Kompetenz verfügt?

1. Schlüsselfrage: Was kann ein Kind, wenn es das kann?

→ **Reflexionsaufgabe:**
Lesen Sie die nachfolgenden Kompetenzstandards und beantworten Sie für sich die Frage: Was können Schülerinnen und Schüler, die über diese Kompetenz verfügen?
Beispiele:
Die Schülerinnen und Schüler können
▶ den Anspruch auf Befriedigung der Grundbedürfnisse erläutern (Ba-Wü, Ethik Mittlerer Bildungsabschluss, Kl. 10)
▶ verschiedene Formen der Darstellung von mathematischen Objekten und Situationen anwenden, interpretieren und unterscheiden (KMK, Mathematik, Mittlerer Bildungsabschluss Mathematik, 8)

Die besondere, das heißt: zielführende Pointe dieser Formulierungen liegt ganz offensichtlich im jeweils gewählten Prädikat. So besagt etwa der angeführte Standard im Fach Ethik nicht, dass menschliche Grundbedürfnisse ‚durchgenommen' werden sollen, sondern dass die Schülerinnen und Schüler in die Lage zu versetzen sind, den Anspruch auf Bedürfnisbefriedigung zu *erläutern*. In Mathematik sind mathematische Darstellungsformen nicht einfach zu ‚behandeln', sondern die Schülerinnen und Schüler können anschließend Darstellungsformen *anwenden, interpretieren und unterscheiden*. Auf diese Prädikate zielt die zugespitzte Frage: Was können Jugendliche, die über diese Kompetenzen verfügen?

An diese geradezu lapidare Frage schließt sich nun aber wie von selbst eine zweite an. Sobald die Verständigung darüber in Gang kommt, ‚was jemand kann, der das kann', muss man weiterfragen: Wann verfügt jemand über diese Kompetenz in anfänglicher, aber hinreichender Weise? Wann kann man das ‚ordentlich' – und wann kann man es ‚gut'? Vorausgreifend lautet die entscheidende Frage: Wird es möglich sein, nicht nur den *Sinngehalt* beliebiger Kompetenzstandards einheitlich, also im Sinne von Bildungsstandards, zu erheben und zu kommunizieren – sondern wird es anschließend gelingen, Kompetenz*standards* in Kompetenz*stufen* zu übersetzen?

2. Schlüsselfrage: Was kann ein Kind, wenn es das ‚gut' kann?

5.2 Die Notwendigkeit von Kompetenzstufen
Die Beantwortung der zuletzt gestellten Fragen ist aus mehreren Gründen unabdingbar.

Wenn es denn zutrifft, dass die Stärke von Bildungsstandards darin besteht, aus einvernehmlichen Bildungszielen (‚Kompetenzerwerb') in pädagogischer Freiheit und Verantwortung Lernwege abzuleiten, dann muss die im letzten Abschnitt genannte Doppelfrage dringend und unausweichlich beantwortet werden: Was kann ein Kind, das das kann – und wann kann es das, was es da kann, wie gut? Diesen Umgang mit den Bildungsstan-

Drei Gründe für die Notwendigkeit von Kompetenzstufen

Kompetenzexegese

dards nenne ich ‚Kompetenzexegese'. Wenn es nicht gelingt, eine solche ‚Kompetenzexegese' zu leisten – und zwar für prinzipiell jeden einzelnen Bildungsstandard! –, dann werden wenigstens vier fundamentale Anforderungen an Schule und Bildung nicht mehr zu erfüllen sein. Die Grundfragen (a–d) werden im folgenden Abschnitt skizziert. Im III. Kapitel werden Wege angeboten, diese Fragen zu bearbeiten.

a. Unterricht planen

Die Schülerinnen und Schüler können
▶ Mathematik als geistige Konstruktion mit der erfahrbaren oder symbolischen Realität durch mathematisches Modellieren verknüpfen (Ba-Wü, Mathematik Mittlerer Bildungsabschluss, Kl. 6)
Was können Schülerinnen und Schüler, die über diese Kompetenz verfügen, und:
Wann kann man das Geforderte in ausreichendem Maße, wann kann man es ‚ordentlich' und wann kann man es ‚gut'?

Ohne Zielvorstellung kein Lernweg

Alle diejenigen, die Mathematik unterrichten, werden nach der Lektüre dieses Beispielstandards ein bestimmtes Bild von Jugendlichen und von deren Kenntnissen, Fähigkeiten und Einstellungen vor Augen haben. Die Erfahrung zeigt jedoch, dass es sich nicht nur um ein bestimmtes Bild handelt, sobald mehr als zwei Kolleginnen und Kollegen über denselben Standard nachdenken. Hinzu kommt, dass sich diese Bilder in der Regel nur schwer verbalisieren und klar abgrenzen lassen. Mit anderen Worten: Allein dadurch, dass Bildungsstandards ausgewiesen und veröffentlicht sind, leisten sie ohne die angedeutete Kompetenzexegese gerade nicht die in den vorigen Abschnitten immer wieder behauptete Vergewisserung und Zielklarheit von schulischer Bildung. Wenn es aber nicht gelingt, solche Klarheit herzustellen, dann wird es schon gar nicht gelingen, aus den Kompetenzstandards Lernwege abzuleiten. Wenn dem so ist, dann lässt sich durch Kompetenzexegese Unterricht schlechterdings nicht mehr planen. Wer das Ziel nicht benennen kann, wird auch nicht angeben und planen können, welcher Weg zu diesem Ziel führt.

b. Einen Lernprozess wahrnehmen

Die Schülerinnen und Schüler können
▶ kriterienorientiert das eigene Gesprächsverhalten und das anderer beobachten, reflektieren und bewerten.
Was können Schülerinnen und Schüler, die über diese Kompetenz verfügen, und:
Wann kann man das Geforderte in ausreichendem Maße, wann kann man es ‚ordentlich' und wann kann man es ‚gut'?

Wer nach der Lektüre eines Bildungsstandards nicht formulieren kann, was ein Kind bzw. ein Jugendlicher kann, der über diese Kompetenz verfügt, wird in der Unterrichtspraxis auf eine zweite fundamentale Schwierigkeit stoßen. Er oder sie kann nicht nur keine Lernwege planen, sondern kann auch keine Auskunft darüber geben, was etwa schon erreicht und was noch zu tun ist. Wer den Weg nicht kennt, kann auch nicht sagen, an welcher Stelle des Weges er sich jeweils aktuell befindet: Stehen wir noch ganz am Anfang, sind wir auf einem guten Weg oder sind die Schülerinnen und Schüler bereits am Ziel? Weichen wir vom Weg ab, gibt es Steuerungs- oder Förderungsbedarf und worin könnte dieser bestehen?

Wo stehen wir im Unterricht?

c. Lernergebnisse feststellen und bewerten

Die Schülerinnen und Schüler können
▶ sich möglichen Bedeutungen unbekannter Wörter auch dadurch nähern, dass sie den konkreten Kontext oder das Wissen über andere Sprachen zu Hilfe nehmen (Ba-Wü, Grundschule Englisch, Kl. 4)
Was können Schülerinnen und Schüler, die über diese Kompetenz verfügen, und:
Wann kann man das Geforderte in ausreichendem Maße, wann kann man es ‚ordentlich‘ und wann kann man es ‚gut‘?

Kompetenzstandards formulieren den Ertrag von Bildungsgängen schüler-, ergebnis- und prozessorientiert. Nicht erst am Ende wird sich die Frage stellen: Wie weit sind die Schülerinnen und Schüler befähigt, welche Kompetenzen haben sie in welchem Umfang erworben? Die klassische, wenn auch nicht die einzige Form, solche Lernstände zu attestieren, besteht in der von der Lehrkraft zu verantwortenden Leistungsnote. Die Feststellung von Leistungsständen wird auch nach der Einführung von Bildungsstandards zu den besonderen Hoheitsaufgaben des Lehramts zählen. Zu den Minimalanforderungen an diese Hoheitsaufgabe gehört die Transparenz. Lehrerinnen und Lehrer müssen jederzeit in der Lage sein, gegenüber Schülerinnen und Schülern, aber auch gegenüber Eltern und den Organen der Schulaufsicht, darüber Auskunft zu geben, wie sich die von ihnen erteilte Beurteilung begründet. Wer keine Vorstellung hat von Abstufungen einer zu erreichenden Kompetenz, wird diese Auskunft nicht geben können. Kompetenzstandards dürfen jedenfalls nicht dazu führen, dass entweder die Leistungsbeurteilung sich auf den schmalen Ausschnitt kognitiver Leistungen beschränkt oder aber nur noch Eindrucksnoten vergeben werden. Zugespitzt ausgedrückt: Ohne eine Verständigung über Kompetenzstufen transportieren Bildungsstandards den katastrophalen Zustand, dass es fortan nur noch ‚gefühlte‘ Noten gibt.

nur noch ‚gefühlte‘ Noten

d. Befähigungsziele formulieren

für ein Curriculum
Stundenziele
benennen

Die Bildungsstandards der Kultusministerkonferenz sind formuliert für die Abgangsjahrgänge der jeweiligen Schularten. Die Bildungspläne der Bundesländer müssen auch Standards für die dem Abgangsjahr vorausliegenden Jahrgänge formulieren. Dies muss so geschehen, dass die angestrebten Endergebnisse schrittweise erreicht werden können. Wenn auch die einzelnen Lehrkräfte an diesem Arbeitsgang kaum beteiligt sein werden, müssen sie in ihrer Unterrichtspraxis in der Lage sein, die Standards der jeweils aufeinander folgenden Jahrgangsstufen so zu lesen und in Unterricht zu übersetzen, dass ein sinnvoller Weg daraus wird. Mit aller Vorsicht wird man urteilen können, dass über die jeweils in den Standardformulierungen umgesetzten Kompetenzmodelle keine hinreichende Klarheit besteht.

> Die Schülerinnen und Schüler
> ► können zunehmend flüssig lesen (Ba-Wü, Mittlerer Bildungsabschluss Deutsch, Kl. 6)
> ► können flüssig lesen (Ba-Wü, Mittlerer Bildungsabschluss Deutsch, Kl. 8)
> ► können flüssig und sinnverstehend lesen (Ba-Wü, Mittlerer Bildungsabschluss Deutsch, Kl. 10)
> ► beherrschen verschiedene Lesetechniken;
> ► verfügen über grundlegende Lesefertigkeiten (…): (sie können, d. Vf.) flüssig, sinnbezogen, überfliegend, selektiv, navigierend (z. B. Bild-Ton-Text integrierend) lesen (KMK, Mittlerer Bildungsabschluss Deutsch, 18)
> Was können Schülerinnen und Schüler, die über *die jeweilige* Kompetenz verfügen, und über welche Stufen wird die am Ende angestrebte Kompetenz erreicht?

6. Zusammenfassung

die Doppelfrage
für die Kompetenz-
exegese

Die doppelte Frage – Was können Schülerinnen und Schüler, die über diese Kompetenz verfügen?, *und*: Wann können sie dies hinreichend, wann können sie es ,ordentlich' und wann können sie es ,gut'? – erschließt Grundfragen des kompetenzorientierten Unterrichts. Es geht um die unverzichtbare Aufgabe,

► Unterricht als Kompetenzerwerb zu planen;

► den Standort auf dem Weg hin zu Lernergebnissen zu diagnostizieren;

► Lernstände und Leistungen der Schülerinnen und Schüler zu bewerten;

► didaktische Entscheidungen im Blick auf die Konzeption und die Steuerung von Lernwegen zu treffen.

7. Kompetenzstufenmodelle

Bildungsstandards in Form von Kompetenzstandards formulieren schüler-, prozess- und ergebnisorientiert den Ertrag gelingender Bildungsgänge. Sie dienen der höheren Vergewisserung über das, was Kinder, Jugendliche und Heranwachsende nach dem Durchgang durch bestimmte Jahrgangsstufen lernen können und über welche Kompetenz sie dann verfügen. Für solche Vergewisserung ist die Durchführung einer Kompetenzexegese mit Hilfe der doppelten Frage unabdingbar: Was kann ein Kind, das das kann? Und: Was kann ein Kind, wenn es das ‚ein wenig' kann, wenn es das ‚ordentlich' kann und wenn es das Geforderte ‚im eigentlichen Sinne' kann? (II. 5.1). Lehrkräfte müssen künftig in der Lage sein bzw. in die Lage versetzt werden, diese Grundfragen für ihren Unterricht zu beantworten, weil sie sonst die Grundfunktionen des Unterrichtens nicht mehr erfüllen können (II.5.2). Gibt es aber nicht ganz unterschiedliche Formen, wie sich Kompetenzen allmählich aufbauen, entwickeln und folglich zu unterrichten sind?

Die zuletzt gewählten Beispiele (5.2.d) beinhalten bereits ein unausgesprochenes Modell der Kompetenzentwicklung, indem die Lesefähigkeit und das Leseverständnis immer weiter ‚zunimmt', sich vertieft, aber auch diversifiziert (Unterschiedliche Lesetechniken). Zur Beschreibung anderer Kompetenzen – etwa die mathematische Fähigkeit, Lösungswege (zu) beschreiben und (zu) begründen (KMK, Mittlerer Bildungsabschluss, Mathematik, 8), wird dieses Kompetenzstufenmodell weniger geeignet sein.

unterschiedliche Kompetenzmodelle sind erforderlich

In diesem letzten Abschnitt werden deshalb unterschiedliche Modelle von Kompetenzstufen skizziert, um dann zum praktischen Teil (Kap. III und IV) überzuleiten.

a. Sachlogisch-graduelle Stufen

Das wahrscheinlich naheliegendste Modell der Kompetenzstufen könnte man als sachlogisch-graduell bezeichnen. Um eine bestimmte komplexe Kompetenz zu beherrschen, wird es notwendig sein, zunächst bestimmte Grundfertigkeiten zu erlernen, um anschließend weiter gehende Aufgaben lösen zu können. Bevor Schülerinnen und Schüler in der Lage sind, „Informationen zu einem Thema ... in unterschiedlichen Medien" zu suchen, werden sie über die Fähigkeit verfügen müssen, etwa einem vorgegebenen Medium Informationen zu entnehmen. Bevor sie die Lösungsvielfalt von Gleichungen diskutieren können, müssen sie den Umgang mit den entsprechenden Gleichungen beherrschen. Bevor sie Brüche addieren können, müssen sie in der Lage sein, einen gemeinsamen Nenner von Brüchen zu finden und dafür wiederum sollten sie eine Zahl in Primfaktoren zerlegen können; bevor sie einen Text interpretieren, müssen sie diesen lesen und verstehen können.

fortschreitende Zunahme von Kompetenz

Die didaktische Frage lautet: Welche Voraussetzungen müssen bei den Schülerinnen und Schülern geschaffen sein, damit sie eine weitergehende Kompetenz erwerben können? Die Antwort wird in der Beschreibung logisch aufeinander folgender Kompetenzstufen bestehen, die man nicht überspringen kann, wenn man die Schülerinnen und Schüler befähigen will, das Ziel zu erreichen.

b. Verschiedene Stufen der Verknüpfung

Verknüpfung
von Fähigkeiten

Um beispielsweise die Lösbarkeit von Gleichungen zu diskutieren, bedarf es auf Seiten der Schülerinnen und Schüler der Fähigkeit, unterschiedliche Problemhorizonte miteinander zu verknüpfen. Die eher technische Frage des Umgangs mit Gleichungen überhaupt muss verknüpft werden mit dem mathematischen Problembewusstsein, dass Gleichungen nicht in jedem Fall ‚aufgehen'. Oder: Die Fähigkeit, unterschiedlichen Medien problembezogen, das heißt, gezielt und im Hinblick auf eine bestimmte Frage konzentriert Informationen zu entnehmen, setzt voraus, dass jemand nicht nur Sinn entnehmend lesen kann, sondern zusätzlich über die Fähigkeit verfügt, Wichtiges von Unwichtigem zu unterscheiden.

Die didaktische Frage lautet also: In welcher Weise müssen verschiedene Kenntnisse, Fertigkeiten und Haltungen miteinander verknüpft werden?

c. Stufen der Diversifizierung

Fähigkeit
zur Auswahl
verschiedener
Lösungswege

Ein anderer Aufgaben- oder Problemtypus setzt voraus, dass bestimmte Fähigkeiten ‚in der Breite' zunehmen. Wer „Informationen zu einem Thema/Problem in unterschiedlichen Medien suchen, vergleichen, auswählen und bewerten" soll, wird dies umso kompetenter tun, über je mehr Möglichkeiten er verfügt, die Aufgabe zu lösen. Als kompetenter wird gelten, wer beispielsweise wählen kann zwischen einer Recherche im Internet, einer Suche in Tageszeitungen, im Telefonbuch oder in Fernsehdokumentationen.

Die didaktische Frage wird folglich lauten: In welchem Maße kann der oder die Betreffende wählen zwischen unterschiedlichen Lösungsstrategien und eine davon gezielt und sachgerecht einsetzen?

Andere denkbare Möglichkeiten, Kompetenzen abzustufen, sollen hier nur knapp erwähnt werden.

d. Experte/‚Novize'

Fähigkeit
in Relation
zum ‚Experten'

Gehen wir davon aus, dass die jeweilige Lehrkraft über den zu erzielenden Kompetenzstandard in vollem Umgang verfügt, also eine Expertin oder ein Experte ist in der jeweiligen Kompetenz, so wird man jedenfalls nicht generell annehmen, dass das Unterrichtsziel dann erreicht ist, wenn alle Schülerinnen und Schüler ebenso viel wissen und können und mit derselben qualifizierten Haltung an ein Problem herangehen wie die Lehrkraft. Schülerinnen und Schüler werden in aller Regel bestenfalls, um im Bild zu bleiben, zu Novizen werden.

Es stellt sich also beispielsweise die Frage, wie viel Sinn Schülerinnen und Schüler einem Text beim Lesen entnehmen können sollen, um als kompetent zu gelten.

e. Entwicklungspsychologisch bedingte Stufen

Besondere Vorsicht ist schließlich dort angezeigt, wo sich gedachte Kompetenzstufen mit lern- und entwicklungspsychologischen Stufen überschneiden bzw. ausschließen. So lässt sich empirisch belegen, dass Kindern und Jugendlichen, die sich noch auf der Stufe des konkret-operationalen Denkens befinden, ein symbolisches oder übertragenes Verstehen noch nicht oder nur schwer verfügbar ist. So erzählt beispielsweise das neutestamentliche Gleichnis vom verlorenen und wiedergefundenen Sohn (Lk 15) vom Schicksal eines jungen Mannes, der sich entgegen der herrschenden Konvention vom noch lebenden Vater sein Erbe ausbezahlen lässt und dies schließlich verprasst. Als er reumütig und mittellos zum Vater zurückkehrt, ruft dieser aus: „Dieser mein Sohn war tot und ist wieder lebendig geworden; er war verloren und ist gefunden worden" (Lukas 15, V. 24). Es ist nicht auszuschließen, dass in ein und derselben Klasse Schülerinnen und Schüler auf den Gedanken kommen, der Vater habe den Sohn wirklich für tot gehalten und habe sich folglich getäuscht, während andere interpretieren werden, der verlorene Sohn sei ‚wie tot', also im übertragenen Sinne tot gewesen. Verfügen die Letzteren über die höhere Deutekompetenz, oder haben beide Gruppen das Optimum an Sinnverständnis im Rahmen ihrer kognitiven Möglichkeiten geboten?

Lern- und Entwicklungspsychologie [Stufen des moralischen Urteils]

Deutlich wurde an diesem Durchgang durch verschiedene Kompetenzmodelle zweierlei:

1. Es lässt sich nicht von vornherein angeben, welches Kompetenzmodell für welchen Kompetenzstandard das ‚richtige' ist. Angemessen können unterschiedliche Kompetenzstufenmodelle sein, in vielen Fällen werden sich Überschneidungen ergeben.

   Entscheidend ist das Problembewusstsein, dass die Frage nach dem didaktischen und logischen Aufbau von Kompetenzstandards in jedem Falle beantwortet werden muss, wenn aus Bildungsstandards Unterricht werden soll.

grundsätzliche Einsicht: unterschiedliche Modelle können gleichzeitig geeignet sein

2. Die hier vorgetragenen Überlegungen erinnern durchaus an die Lernzieldiskussionen der 70er und 80er Jahre mit ihrer Unterscheidung zwischen Grob- und Feinzielen. Wer aber jemals einen Blick etwa auf die Bloomschen Taxonomien geworfen hat, wird erkennen: Die Fragen von vor 30 Jahren sind weitgehend identisch mit den durch die Einführung von Bildungsstandards aufgeworfenen Fragen, aber die vorgeschlagenen Antworten unterscheiden sich. Zu allen Zeiten geht es um die Zielklarheit von Bildungsprozessen und immer wird sich die Frage der Operationalisierbarkeit von Lernprozessen stellen; schließlich handelt es sich dabei um pädagogische Grundfragen. Die Ausdifferenzierung von Grobzielen in immer weitere Feinziele entstand jedoch aus der pädagogischen Fehleinschätzung, es ließe sich zugleich mit dem Ziel auch der didaktische Weg von vornherein festlegen, es ließen sich also gewissermaßen Unterrichtserträge buchstäblich ‚herstellen'. Die nun eingeführte Beschränkung auf Kompetenzziele in Form der Bildungsstandards lässt aber den Weg zunächst vollkommen offen. Diese Offenheit gilt es zu

Lernzieldiskussion der 70er-Jahre

stärken, weil wir nach wie vor erstaunlich wenig darüber wissen, wie das Lernen eigentlich funktioniert; Unterricht kann Bildungserträge nicht herstellen, sondern bestenfalls anstoßen, begleiten und unterstützen. Im weiteren Fortgang dieses Buches werde ich ausdrücklich dafür plädieren, weiterhin von Lern- und Stundenzielen zu sprechen. Das mag dem einen oder anderen als historisch unpräzise oder inkorrekt erscheinen. Mein Anliegen ist hingegen kategorialer Art: Unterrichtendes Handeln muss zielorientiertes Handeln sein. An den selbst gesetzten Zielen wird Qualität von Unterricht so oder so zu messen sein. Aus der Nichterreichung von Zielen die Forderung abzuleiten, auf Ziele zu verzichten, wäre so unsinnig als würde man immer dann, wenn man sich im Straßenverkehr verirrt hat, fordern, die Straßen- und Ortschilder abzuschrauben. Nach meiner Überzeugung brauchen wir, um im Bild zubleiben, nicht nur Orts- und Straßenschilder, sondern auch Hinweise, zeitliche Einschätzung und vor allem relative Angaben über den halben Weg, der erreicht ist oder die Mühen, die noch ausstehen. Das bedeutet, noch einmal gemessen an früheren Lernzielen, eine Präzisierung. Lernziele wie: „Die Schülerinnen und Schüler werden zunehmend an selbständiges Denken gewöhnt" (Baden-Württemberg, 1972), sind keine Kompetenzstandards. Die aktuelle Formulierung lautet deshalb: Sie „können selbstständig denken, […] können eigene Lösungsvorschläge präsentieren" (Baden-Württemberg, 2004). Neu an der Kompetenzorientierung von Unterricht ist also nicht der Umstand, dass es zielorientierter Unterricht sein muss. Neu ist die

Qualität
von Unterricht
steuern

Art und Weise, wie Bildungsstandards die Qualität von Unterricht zu steuern versuchen. ‚Guter Unterricht' wird, auf einen knappen Begriff gebracht, künftig solcher Unterricht sein, der Kinder und Jugendliche im Sinne der Vorgaben ‚befähigt' bzw. ihre Befähigung befördert. Ob dies gelingt, wird wesentlich davon abhängen, ob Lehrerinnen und Lehrer selbst bereit sind zu lesen, zu verstehen, sich darauf einzulassen und die Bildungsstandards in Lernwege für Schülerinnen und Schüler zu übersetzen.

Die abschließende Reflexionsaufgabe ist zu verstehen als Probe aufs Exempel.

→ **Reflexionsaufgabe:**

Lesen Sie die nachstehenden fünf Sätze durch und entscheiden Sie jeweils für sich, in welche der angegeben Spalten sie jetzt ein Kreuz machen können:

Ich bin informiert über die Einführung von Bildungs- standards für allgemein bildende Schulen und kann jetzt …	das kann ich	da bin ich mir unsicher	das kann ich (noch) nicht	da habe ich grundsätz- liche Fragen
… Bildungsstandards in Form von Kompetenz- standards lesen und verstehen;				
… den Perspektivenwechsel der Bildungsstandards von der Input- zur Outputorientierung mit eigenen Worten erläutern;				
… die Notwendigkeit von Kompetenzstufen für die Operationalisierung von Bildungsstandards begrün- den;				
… mich auf das Neue an Bildungsstandards für meine Unterrichtsplanung einlassen;				
… den weiteren Weg von Bildungsstandards zum Unterricht mitgehen.				

III. Von Bildungsstandards zum Unterricht

Kompetenzorientiertes Unterrichten besteht nicht darin, an die Stelle bisheriger Unterrichtsthemen und -inhalte lediglich Kompetenzen zu setzen. Schon sprachlich ergibt die Formulierung „Kompetenzen (zu) unterrichten" kaum Sinn. Deutlich näher an den Sachverhalt gelangen wir, wenn ‚unterrichten' durch ‚beibringen' ersetzt wird.

Die didaktische Pointe kompetenzorientierten Unterrichts nach Bildungsstandards besteht folglich darin, Stoffe, Inhalte oder Themen im Unterricht so zu bearbeiten, dass dabei Kompetenzen, wie sie in den Bildungsstandards formuliert sind, angebahnt, eingeübt oder erworben werden können.

Wie aber unterscheidet sich solcher Unterricht von herkömmlichem inhaltsorientiertem Lehren und Lernen? Dass Unterricht auf mehr zielt als auf die Vermittlung von Stoffen und Sachen, ist nicht neu. Neu ist, dass das Ziel des Unterrichts in einer ganz bestimmten Weise vorgegeben und formuliert ist, und zwar in Form von Kenntnissen, Fähigkeiten, Einstellungen und Haltungen (summarisch: Kompetenzen), die es im Unterricht verbindlich anzustreben gilt.

Dieses Kapitel zielt auf die Beantwortung der Frage, wodurch sich kompetenzorientiertes Unterrichten nach Bildungsstandards von herkömmlichem inhaltsorientiertem Unterricht unterscheidet.

Ausgangspunkt sind die Bildungsstandards mit ihren Kompetenzformulierungen. Damit Bildungsstandards die Lehr- und Lernprozesse freisetzen können, müssen sie genau auf ihre Aussageabsicht, ihre didaktische Potenz hin befragt werden. Dies wird anhand von Beispielen vorgeführt („Kompetenzexegese"), um anschließend zu zeigen, welche praktischen Konsequenzen für die Unterrichtsplanung daraus gezogen werden können. Im dritten Schritt werden erkennbare Merkmale („Kriterien") kompetenzorientierten Unterrichts entwickelt und entfaltet. Solche Kriterien müssen so trennscharf sein, dass sie nicht nur im konkreten Vollzug wahrnehmbar sind, sondern dass sie für die Sicherung und Entwicklung von Unterrichtsqualität eine entscheidende Funktion übernehmen können.

Lernweg
ableiten &
gestalten

Bildungsstandards in Form von Kompetenzstandards sind schüler- und prozessorientierte Zielvorgaben für den schulischen Unterricht. Indem Bildungsstandards schülerorientiert Ergebnisse von Lernprozessen formulieren, muss aus den vorgegebenen Lernergebnissen ein unterrichtlicher Prozess, also ein Lernweg für die Schülerinnen und Schüler, abgeleitet werden. Bildungsstandards in Form von Kompetenzstandards formulieren Kenntnisse, Fertigkeiten und Einstellungen in wechselseitiger Durchdringung und sind deshalb zumeist komplexer Natur. Soll das Ergebnis der an Bildungsstandards orientierten Lernprozesse im Erwerb von Kompetenzen bestehen, bedarf es einer Vorstellung nicht nur von Lernerträgen („Was kann ein Kind, das über diese Kompetenz verfügt?"), sondern auch von Kompetenzstufen („Was kann jemand, der über diese Kompetenz wenig oder in befriedigendem oder in ausgezeichnetem Maße verfügt?") für jeden einzelnen Kompetenzstandard. Soll sich der durch Kompetenzstandards vorgegebene Lernprozess aber planbar, steuerbar und messbar vollziehen können, müssen Kompetenzen operationalisiert werden. Dies sollte in den ersten beiden Kapiteln des Buches deutlich werden. Das dritte Kapitel des Buches wendet sich nun den praktischen Konsequenzen zu, und zwar in folgenden drei Schritten:

wichtige
Fragen
→ Prüfung

Operationali-
sierung

1. Erstellung von Kompetenzstufen
2. Unterricht planen
3. Unterricht durchführen: Kriterien kompetenzorientierten Unterrichts

Im folgenden IV. Kapitel werden Anregungen gegeben für kompetenzorientierte Methoden und daraus resultierende Aufgabenstellungen.

1.   Erstellung von Kompetenzstufen

Kompetenzstandards: quantitative und qualitative Probleme

große
Fülle von
Standards

Die Erstellung von Kompetenzstufen zur Planung, Diagnose und Bewertung von Unterricht stößt zunächst auf quantitative und qualitative Probleme von erheblichem Ausmaß. Addiert man beispielsweise im Baden-Württembergischen Bildungsplan für die Realschule sämtliche Standards, so kommt man auf die atemberaubende Summe von 1800 Befähigungen. Auch wenn man in Rechnung stellt, dass niemals alle Schülerinnen und Schüler in allen Fächern unterrichtet werden, kommt man noch auf die Summe von ca. 1000 Kompetenzen, die sämtliche Schülerinnen und Schüler im Laufe ihrer sechsjährigen Schulzeit erhalten sollen. Bei solch einer Statistik werden zwar buchstäblich Äpfel und Birnen miteinander verrechnet. Doch es liegt auf der Hand, dass auch nur 1000 oder 500 Kompetenzstandards von den unterrichtenden Lehrkräften niemals einzeln in Kompetenzstufen umformuliert werden können. Anders wäre die Situation, wenn es gelänge, auf sämtliche Standards exemplarisch, also beispielhaft, zuzugreifen. Anders, und zwar in Frageform, ausgedrückt: Lassen sich aus der Fülle der Kompetenzstandards Beispiele herausgreifen, die folgenden Bedingungen genügen?

a. Das jeweilige Exempel müsste so allgemein gewählt sein, dass es auf eine beliebige Zahl von sachlich verwandten Standards angewandt werden kann. Worin aber besteht diese sachliche Verwandtschaft?

b. Das jeweilige Exempel muss so konkret sein, dass es auch den konkreten Unterricht im Klassenzimmer steuern kann.

c. Die Komplexität der Standards muss so weit reduziert werden, dass sich die darin enthaltenen Aspekte der Kenntnisse, Fertigkeiten und Einstellungen unterscheiden lassen, aber nicht voneinander isoliert werden.

Elementarisierung

Der Schritt, der hier vorgeschlagen wird, besteht nun in folgender Überlegung:

Zwei Erschließungsfragen

1. Ich frage nach Grundtypen oder ‚Kategorien' von Befähigungen, die sich aus den konkreten Bildungsstandards herauslesen lassen, mit dem Ziel, die große Fülle an Kompetenzstandards überschaubar und handhabbar zu machen; eine solche Kategorisierung wird im folgenden Abschnitt vorgestellt.

2. Ich frage nach Kompetenzstufen, wenn man so will: nach Teilkompetenzen, die den Aufbau der zuvor beschriebenen Kategorien beschreiben und freisetzen. Bei den in diesem Schritt gefundenen Kompetenzstufen kann es sich nicht um wissenschaftlich validierte Skalierungen handeln. Man muss sich bewusst machen, dass auch bisherige inhaltsorientierte Planung, Inszenierung und Bewertung von Lernprozessen nicht auf wissenschaftlich begründete Skalen zugreifen konnte. Es geht in diesem Schritt schlicht um ein Raster, das Lehrkräfte befähigt, auf der Grundlage von Bildungsstandards Unterricht zu planen und durchzuführen sowie Schülerleistungen und Lernentwicklungen zu diagnostizieren. Bewährungsfeld muss der alltägliche Unterricht sein.

Worin besteht nun der Schlüssel, der die drei Bedingungen a.–c. erfüllt und zu einem operationalisierbaren Ergebnis führt?

1.1 Vier Kategorien von Befähigungen im Sinne von Kompetenzstandards

Die Frage in diesem Abschnitt lautet: Lassen sich aus der Fülle der bereits formulierten Kompetenzstandards Kategorien von Befähigungen ableiten, die für alle Fächer und Schularten in gleicher Weise Gültigkeit besitzen? Solche Kategorien können nur an den Standards selbst gewonnen werden.

Was müssen sie können: Kategorien von Befähigungen

Präzise lautet die Frage deshalb: Wie unterscheiden sich die Kompetenzstandards voneinander und welche Gemeinsamkeiten lassen sich feststellen? Aus dem bisher entwickelten Verständnis von Kompetenzen müsste deutlich geworden sein: Das Unterscheidungsmerkmal der Kompetenzstandards verbirgt sich im präzisen Sinne im jeweils verwendeten Prädikat. In diesem Satzbestandteil wird konkretisiert, was die Schülerinnen und Schüler ‚können'.

Wahl des Prädikats, sagt etwas über die Kompetenz aus!

Liest man nun die Bildungsstandards mit besonderer Aufmerksamkeit für die Prädikate, so lässt sich die verblüffende Beobachtung machen: Die ganze Fülle der Bildungsstandards kann man in nicht mehr und nicht weniger als vier unterscheidbare Kategorien einteilen.

1.1.1 Kognitiver Bereich

Kognitiver
Bereich

Die am häufigsten vertretenen Prädikate in den Kompetenzstandards lauten sinngemäß: Die Schülerinnen und Schüler „wissen (, dass)", „wissen (um)", „verstehen", „können erläutern", „kennen". Allgemeiner ausgedrückt: Es gibt eine auffallend große Zahl von Kompetenzstandards, die sich umschreiben lassen mit den Verben „wahrnehmen, wissen, denken, verstehen, durchdringen, beurteilen". Diese Gruppe oder Kategorie von Befähigungen, die schulischer Unterricht anstreben soll, wird im Folgenden als Kategorie I (kognitiver Bereich) bezeichnet.

1.1.2 Kommunikativer Bereich

Sprachlich-
kommunikativer
Bereich

Eine zweite Kategorien bilden Bildungsstandards mit den wörtlichen oder sinnverwandten Prädikaten „können Auskunft geben über", „erzählen", „sprechen", „berichten mit eigenen Worten", „diskutieren", „erfragen". Es geht in dieser zweiten Kategorie unzweifelhaft um sprachliche Kompetenzen, die sowohl die individuellen sprachlichen Fähigkeiten, als auch die Fähigkeit zur sozialen Kommunikation umfassen. Damit wäre die Kategorie II (sprachlich-kommunikativer Bereich) umschrieben.

1.1.3 Methodisch-gestalterischer Bereich

Methodisch-
gestalterischer
Bereich

Quer durch alle Fächer finden sich Kompetenzstandards, deren Prädikat sinngemäß lautet: Die Schülerinnen und Schüler (können) „gestalten", „umschreiben", „neu formulieren", „umformen", „modellieren", „kreativ umgehen mit", „anwenden". Der besondere Akzent dieser Kategorie von Standards liegt offensichtlich in der Fähigkeit und Fertigkeit, Stoffe und Inhalte neu darzustellen, Formen zu bearbeiten und Ergebnisse zu präsentieren, Eigenes zu gestalten oder Methoden anzuwenden. Diese Standards werden der Kategorie III (methodisch-gestalterischer Bereich) zugeordnet.

1.1.4 Personaler und sozialer Bereich

Personaler
und sozialer
Bereich

Es finden sich schließlich quer durch alle Fächer und Schularten solche Standardformulierungen, deren Prädikat etwa lautet: Die Schülerinnen und Schüler können „gemeinsam erarbeiten", „einen eigenen Standpunkt formulieren und mit anderen vergleichen", „im Team", „in Partnerarbeit", „je für sich und anschließend miteinander …". Es geht in dieser vierten Kategorie offenbar um die Entwicklung von Positionen, um die Klärung von Ansprüchen, um Formen der Partner- und Gruppenarbeit, um die Wechselwirkung zwischen Einzelnen und der Lerngemeinschaft. Damit ist Kategorie IV (personaler und sozialer Bereich) umschrieben.

Fließende
Übergänge

Es läst sich nicht leugnen, dass die Übergänge zwischen den Kategorien fließend, manche Zuordnungen vielleicht sogar strittig, sind. Doch dieses Problem ist von geringerer Bedeutung, als man zunächst annehmen könnte. Entscheidend ist zunächst, ob diese vier Kategorien wirklich geeignet sind, die Fülle aller Kompetenzstandards zu erfassen, das heißt: jeden Standard wenigstens einer der vier Kategorien zuzuordnen. Das heißt zugleich, dass auch komplexe Standards sich schwerpunktmäßig einer oder zwei der genannten Kategorien zuordnen lassen müssen. Ein Hinweis darauf, dass diese Bedingungen durch die genannten vier Kategorien erfüllt sein müssten, findet sich in Hartmut v. Hentigs Einführung in den Baden-Württembergischen Bildungsplan 2004 (Ba-Wü, 12). Dort zählt er jene Kompetenzen auf, „über deren Bezeichnung sich Einigkeit abzeichnet: personale Kompetenz, Sozialkompetenz, Methodenkompetenz, Fach- (oder Sach-)Kompetenz". Es sind genau diese vier übergreifenden Kompetenzen, die auch durch die soeben vorgestellten vier Kategorien abgedeckt werden – mit einem nicht unerheblichen Unterschied: Der sprachlich-kommunikative Bereich wird nun als eigene Kategorie besonders hervorgehoben. Das bedeutet, dass Sprachfähigkeit weder aufgeht in Sachkompetenz, noch dass sie als eine Form der Methoden- der personalen oder der sozialen Kompetenz zu betrachten ist, wenngleich alle daran einen Anteil haben. Förderung der Sprachfähigkeit, die Pflege einer sachgerechten Sprachkompetenz, ist vielmehr ein eigenständiges – und, wie sich zeigt: Fächer übergreifendes, durchgängiges Unterrichtsprinzip, und zwar im Deutschunterricht genauso wie in den naturwissenschaftlichen Fächern, in den musischen Fächern ebenso wie im Sportunterricht.

durchgängig: Sprachkompetenz

1.2 Drei Kompetenzstufen

Auf die vierfache Ausstattung mit Kenntnissen, Fähigkeiten und Einstellungen zielt schulische Bildung, oder eben: auf Kompetenzerwerb in vier unterscheidbaren, aber zusammengehörigen Kategorien. Befähigungen im kognitiven Bereich, im sprachlich-kommunikativen, im methodisch-gestalterischen und im personalen und sozialen Bereich sollen gezielt aufgebaut, erprobt und geübt und schließlich ‚gemessen' und bewertet werden. Wie aber bauen sich solche Kompetenzziele systematisch auf? Wie stuft sich Kompetenzerwerb in Schritte auf einem Lernweg? Die einfachste Auskunft wird lauten: Man muss ein Ziel kennen, man muss es in Angriff nehmen und schließlich einen Weg beschreiten. Damit wären wenigstens drei Stufen angedeutet. Es lässt sich zeigen, dass dieses Minimum an notwendigen Kompetenzstufen zugleich ein Optimum darstellt. Wiederum soll ein induktiver Weg aus der alltäglichen Lehr- und Lernerfahrung beschritten werden.

Minimum: drei Kompetenzstufen

Wir kehren noch einmal zurück zur Eingangsreflexion (Kap. I.1) über erwartete Ergebnisse von Bildungsprozessen. Nicht nur im Blick auf die beschriebenen Antworttypen, sondern auch im Blick auf das jeweilige Erwartungsniveau zeigt sich jedes Mal eine auffällige Übereinstimmung. Wie bereits unter I.3.1 berichtet, wurde bei allen bisher durchgeführten Versuchen zugleich mit dem Erwartungs*horizont* immer auch, wenn auch häufig unbewusst, ein bestimmtes Erwartungs*niveau* transportiert. Andere Formulierungen zielen eher auf eine Durchschnittserwartung, andere wiederum auf ein Optimum an Lernerträgen. Diese Beobachtung lässt sich noch genauer fassen. Ein bestimmter Anteil der Erwartungen an den Ertrag von Bildungsprozessen nämlich wird sprachlich deutlich als *Mindest*erwartung akzentuiert, indem etwa formuliert wird: „Es reicht mir bereits, wenn die Schülerinnen und Schüler ..." oder „Ich möchte, dass alle wenigstens ...".

Davon zu unterscheiden sind Formulierungen, die erkennbar machen, was *„in der Regel"* erwartet wird, häufig in Form eines Wunsches: „Ich möchte eigentlich schon davon ausgehen, dass die Schülerinnen und Schüler …"; „Ich wünschte mir, dass jedenfalls die meisten …". Und schließlich wählen wenige Befragte immer wieder auch Formulierungen, aus denen hervorgeht, was sie „eigentlich" oder im besten Falle erwarten wollten, also das Optimum oder den wörtlichen Sinn dessen, was sie sich ursprünglich als Unterrichtsziel vorgenommen hatten: „Wenn die Schülerinnen und Schüler wirklich flüssig und sinnentnehmend lesen können sollen, dann erwarte ich eigentlich …"

Die drei angedeuteten Niveaus werden im Folgenden so deutlich wie möglich voneinander abgegrenzt.

1.2.1 Mindeststandards

→ **Reflexionsaufgabe:**
Lesen und verdeutlichen Sie sich den folgenden Standard für das Fach Mathematik in baden-württembergischen Gymnasien, Ende Klassenstufe 10.
Die Schülerinnen und Schüler verfügen bezüglich der genannten Leitideen über die folgenden Kompetenzen (Leitidee „Raum und Form")
▶ grundlegende Sätze zur Berechnung von Streckenlängen kennen und anwenden.

Die minimale Ausstattung mit einer bestimmten Befähigung definiert sich in zweifacher Weise, nämlich zum einen im Blick auf die Schülerinnen und Schüler, zum anderen im Blick auf die Sache, den Lerngegenstand.

Niveau A (Mindeststandard): Was sollten alle Schüler wissen und können?

Zunächst wird das Mindestniveau dadurch markiert sein, dass nach Möglichkeit *alle* Schülerinnen und Schüler, also auch die Schwächsten, dieses Niveau erreichen sollten. Gleichzeitig muss man umgekehrt davon ausgehen, dass diejenigen Schülerinnen und Schüler, die über dieses Minimum nicht verfügen, das Unterrichtsziel nicht erreicht hätten. Wenn also als Ziel für den Deutschunterricht der Grundschule angegeben wird, dass am Ende der Klassenstufe 1 alle Kinder die 26 Buchstaben des Alphabets beherrschen, so ist ein darunter liegendes Niveau undenkbar; wer nur über 13 der 26 Buchstaben verfügt, kennt zwar numerisch gesprochen die Hälfte, verfügt damit aber nicht über eine ausreichende Kompetenz, um einen Text zu lesen oder zu verfassen. Oder hat sich die Lehrkraft vorgenommen, dass Schülerinnen und Schüler in der Grundschule zum Thema: „Was wir am Wochenende erlebt haben", „an der gesprochenen Standardsprache orientiert und artikuliert sprechen" können sollen (KMK-Standards Deutsch, Primarstufe, 13), so werden Sie für sich klären müssen, ob Schülerantworten wie „Spazieren gehen" oder „Ich war Oma" den Minimalanforderungen dieses Standards genügen. Die Minimalanforderung wird sich danach richten, was altersentsprechend und sachlich für unbedingt erforderlich gehalten wird und prinzipiell für alle Kinder der jeweiligen Schulart und Altersstufe zumutbar und wünschenswert erscheint. Wenn aber das Mindestniveau für alle gelten können soll, dann entscheidet es zugleich über den pädagogischen Förderbedarf für diejenigen Kinder, die über die entsprechende Mindestfähigkeit noch nicht verfügen. Etwas pointiert ausgedrückt: Wer nicht über ein bestimmtes Minimum an Fähigkeiten verfügt, die prinzipiell jedem Kind zugetraut werden, muss damit rechnen dürfen, dass dem Erwerb dieser minimalen oder basalen Fähigkeit im Unterricht besondere Aufmerksamkeit zukommt.

Man wird also definieren:
Mindeststandards geben Auskunft über das notwendige und prinzipiell jedem Kind einer bestimmten Altersstufe in einem bestimmten Bildungsgang zu ermöglichende Niveau an Befähigung. Mindeststandards formulieren damit die Absicht der Lehrkraft und des Systems Schule, allen Schülerinnen und Schülern wenigstens diesen Grad an Befähigung zu ermöglichen. Wer den Mindeststandard nicht erreicht, hat das jeweilige Bildungsziel nicht erreicht.

1.2.2 Regelstandards

→ **Reflexionsaufgabe:**
Lesen und verdeutlichen Sie sich den folgenden Standard für das Fach Mathematik in baden-württembergischen Realschulen, Ende Klassenstufe 6:
Die Schülerinnen und Schüler können
▶ Größen mithilfe von Vorstellungen über geeignete Repräsentanten schätzen.
Überlegen Sie nun anhand eines selbst gewählten Beispiels, auf welches Niveau an Befähigung sie die Kinder am Ende der 6. Klassenstufe in der Realschule über das unverzichtbare Minimum hinaus bringen wollen: Über welche Fähigkeit sollten die Schülerinnen und Schüler in der Regel verfügen?

Mindeststandards drücken dasjenige Erwartungsniveau aus, das im Idealfall kein Schüler und keine Schülerin unterschreiten sollte. Viele Kinder werden über das Mindestniveau schon vor Beginn des Standardzeitraums verfügen. Andere werden es bald erreichen, wenige werden es vielleicht auch am Ende nicht erreicht haben. Schon daran wird sichtbar, dass mit Mindeststandards allein ein Unterricht, der allen Kindern und Jugendlichen einer Jahrgangsstufe gerecht werden soll, kaum vorstellbar ist. Formulieren Mindeststandards einen Mindestgrad an Befähigung, ohne den ein weiterführender Lernweg nicht denkbar ist, so stellen sich in jedem Falle die Fragen: Worin besteht die Anschluss-Befähigung? Was kann jemand lernen, der über die Voraussetzungen verfügt? Worin besteht dasjenige Lernziel, diejenige Kompetenz, über die die Schülerinnen und Schüler „in der Regel" verfügen sollten? Damit ist zugleich eine qualitative und eine quantitative

Niveau B (Regelstandard): Was sollten die Schüler in der Regel wissen und können?

Grenze angedeutet. Ein Regelstandard muss realistisch sein – und er wird in der Regel nicht von allen Kindern oder Jugendlichen erreicht werden. Im Blick auf Mindeststandards sollte dies gerade nicht die Regel, sondern die Ausnahme sein.

> **So wird man definieren:**
> Regelstandards formulieren dasjenige Kompetenzniveau, das alters- und schulartspezifisch für realistisch, das heißt sachgerecht und zumutbar gehalten wird. Regelstandards formulieren ein mittleres Niveau von Kompetenzen, das von den Schülerinnen und Schülern sowohl unter-, als auch überschritten werden wird.

1.2.3 Expertenstandards

→ **Reflexionsaufgabe:**
Ein Kompetenzstandard für den Ethikunterricht (Kl. 10) in Baden-Württemberg lautet: Die Schülerinnen und Schüler können
▶ Erzählungen, Zeichen, Symbole, Riten, Lehren und Dogmen der Weltreligionen erläutern.
Skizzieren Sie nach Ihrem eigenen Verständnis grob den Inhalt dieser Kompetenz ihrem Wortsinn nach!

Niveau C (Expertenstandard): Was wäre das Optimum, was die Schüler erreichen können?

Das zuletzt gewählte Beispiel zeigt plastisch, dass die Spanne zwischen einem Mindestniveau und einem denkbaren Höchstniveau außerordentlich groß sein kann. Die Erläuterung der Erzählungen, Zeichen, Symbole, Riten, Lehren und Dogmen nicht nur einer, sondern *der* Weltreligionen dürfte, wörtlich verstanden, weit über die Leistung und den Anspruch selbst des konfessionellen Religionsunterrichts im Sinne des Grundgesetzes (Art. 7.3) hinausgehen. Man wird also unwillkürlich zurückfragen: Welches Minimum an Kenntnis und an Deutekompetenz soll von allen Schülerinnen und Schülern erreicht werden, worin wird die Regelerwartung bestehen – und was ist im (anspruchs-)vollen Wortsinn mit solch einer Formulierung gemeint? Nicht nur an diesem Beispiel wird zudem deutlich, dass das denkbare Höchstniveau von Kompetenzerwartungen für den konkreten Unterricht kaum zielgebend sein kann. Ein klassisches Beispiel für Expertenstandards stellt das Zentralabitur dar. Die rechnerische Höchstpunktzahl wird statistisch kaum erreicht; sie liegt je nach Verrechnungsmaßstab häufig um ein Vielfaches über der Punktzahl, die erreicht werden muss, um das Abitur zu bestehen. Das bedeutet aber, dass sich innerhalb der Differenz zwischen Mindest- und Höchstpunktzahl alle Abiturientinnen und Abiturienten einreihen lassen. Pointiert ausgedrückt:

> Experten- oder Maximalstandards formulieren ein theoretisch erreichbares Höchstniveau an Kompetenz; ihre Formulierung orientiert sich weniger an den realen Schülerleistungen, als eher am fachwissenschaftlichen Wortsinn des jeweiligen Kompetenzstandards. Experten- oder Maximalstandards eignen sich für eine absolute Taxonomie von Schülerleistungen, aber nicht für den konkreten Unterricht.

Die drei beschriebenen Kompetenzniveaus legen sich logisch, aber auch empirisch nahe. Ein im Unterricht anzubietendes Minimum für alle, ein anzustrebendes Regel- oder Durchschnittsniveau als Leistungs- und Differenzierungsanreiz sowie ein den theoretischen Bestfall beschreibendes Expertenniveau umreißen den gesamten Horizont dessen, was im Unterricht gelehrt und gelernt werden kann. Dazwischen sind selbstverständlich beliebig viele Differenzierungen und Feinabstufungen denkbar. Weniger als diese drei Niveaus dürfen jedoch nicht ausgewiesen werden.

Es hat sich eingebürgert, die **drei Kompetenzstufen mit den Buchstaben A, B und C zu kennzeichnen**, wobei A das niedrigste Niveau meint. Zwischen A, B und C wird sich der Unterricht vollziehen; in diesem Gefälle werden Lernwege zu planen, Lernerfolge einzuordnen, Lernangebote zu orientieren und Lernergebnisse zu diagnostizieren sein. Genau dies ist nun zu konkretisieren.

1.3 Zwischenüberlegung: Evaluation und Diagnose

1.3.1 Begriffe und Funktionen

Wir fragen nach der Qualität von Unterricht mit neuen Bildungsstandards. Solche Qualität muss man feststellen, messen, kommunizieren – mit einem Wort: evaluieren können. Hier muss der Hinweis genügen, dass Evaluation im präzisen Sinne zu unterscheiden ist von einem Messvorgang. Die Fähigkeit, bestimmte Phänomene möglichst genau wahrzunehmen, zu beschreiben und zu diagnostizieren, ist die unabdingbare Voraussetzung für jede Evaluation. Dazu bedarf es geeigneter Methoden und Mittel, die zum Teil erst noch entwickelt werden müssen. Das ist jedoch nicht das Thema dieses Buches. Hier geht es zunächst um den konkreten Unterricht und seine Struktur, seine Interaktionen, seine Methoden und Ergebnisse, und zwar unter einer dreifachen Perspektive. Folgende Grafik (**Abb. 3**) soll diese drei Perspektiven auf den Unterricht verdeutlichen.

Selbstverständlich lassen sich die drei Perspektiven nicht voneinander trennen, wohl aber voneinander unterscheiden. Die 1. Perspektive fragt nach den Ursachen für bestimmte Unterrichtserfahrungen: Warum ist die Stunde so geworden, wie sie geworden ist? Warum haben die Schülerinnen und Schüler die Aufgabe nicht so durchgeführt, wie ich es gemeint habe, wo wurde ich missverstanden?

Die Antworten, die auf solche Fragen des Unterrichtsalltags gefunden werden, sind allerdings mit großer Vorsicht zu behandeln. Fast alle Lehr-

,Guter Unterricht' und Evaluation

Evaluation als Ursachenforschung

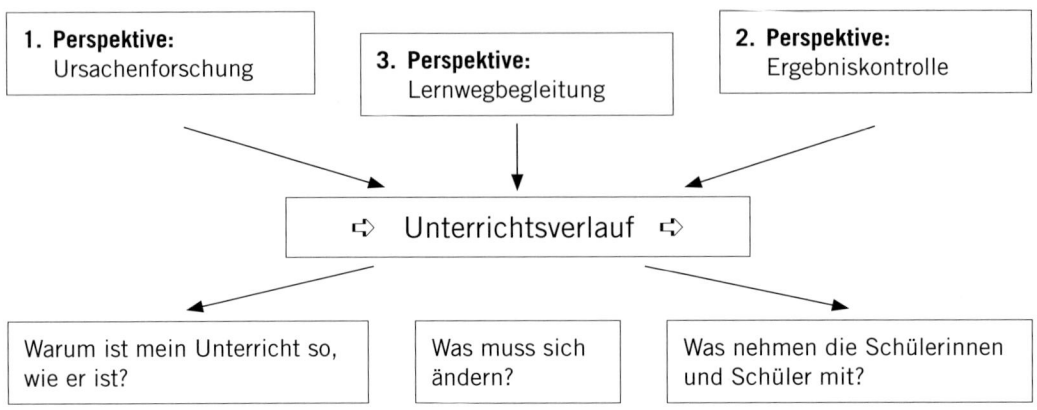

Abb. 3

kräfte betreiben mehr oder weniger bewusst solche Ursachenforschung und meinen auch immer wieder ganz bestimmte Gründe für beobachtete Phänomene, insbesondere für Defizite, zu kennen, wobei diese Gründe häufig außerhalb der eigenen Einflussmöglichkeiten gesucht werden. Hierher gehören sowohl die Voraussetzungen, die die Jugendlichen mitbringen (oder eben nicht mitzubringen scheinen), als auch die Rahmenbedingungen des Unterrichts, an denen sich häufig kaum etwas ändern lässt. Diese Faktoren sollen nicht bagatellisiert werden, sie sind aber zu unterscheiden von Faktoren, die im Unterricht selbst zu beeinflussen sind.

Evaluation als Ergebniskontrolle

Die 2. Perspektive ist die der klassischen Ergebniskontrolle und steht in der Grafik deshalb am weitesten rechts, also am Ende des Unterrichtsprozesses: Welcher Lernerfolg hat sich eingestellt, über welche Kenntnisse, Fertigkeiten und Einstellungen verfügen die Schülerinnen und Schüler am Ende eines Lernwegs? Auf diese Frage werden wir noch zu sprechen kommen.

Evaluation und diagnostische Kompetenz

Entscheidend, und deshalb in der Mitte platziert, ist die 3. Perspektive unter der Frage: Was passiert momentan im Unterricht? Was muss, was kann verändert werden, damit das Unterrichtsziel im Blick bleibt bzw. wieder in den Blick kommt? Wie muss der Unterrichtsverlauf umgesteuert werden, damit die Kinder und Jugendlichen die angestrebten Kompetenzen erwerben?

Perspektiven sind Blickrichtungen, die auf die Wahrnehmungsfähigkeit der Unterrichtenden angewiesen sind. Es geht im übernächsten Schritt um die Entwicklung von diagnostischer Kompetenz unter der Frage: Was sind Kriterien für kompetenzorientiertes Lehren und Lernen im Sinne von Bildungsstandards?

1.3.2 Benotung

Evaluation und Notengebung

Ein verbreiteter und gewichtiger Einwand gegen die Beschränkung auf nur drei Kompetenzstufen (A–C) besteht im Hinweis auf das sechsstufige System von Ziffernnoten, die Differenzierung in Zwischennoten noch gar nicht mitgerechnet. Dieser Einwand kann folgendermaßen entkräftet werden.

1. Die hier vorgetragene Abstufung zielt, vereinfacht ausgedrückt, zunächst in der Tat nur auf einen Notenwert im Bereich ausreichender Leistung (Notenziffer 4,0), im Mittelbereich (Notenziffer 2,5) und im Exzellenzbereich (Notenziffer 1,0).

2. Im unteren Leistungsbereich wird man deshalb sehr sorgfältig prüfen, ob der Mindeststandard wirklich eine ausreichende Befähigung darstellt, und zwar nach oben wie nach unten. Praktische Versuche in Fachkonferenzen oder bei Pädagogischen Tagen an Schulen zeigen, dass die Tendenz besteht, den Mindeststandard eher zu hoch anzusetzen. Eine ungenügende Leistung wäre etwa dann erbracht, wenn das Thema eindeutig verfehlt ist oder wenn generelle Leistungsverweigerung vorliegt. Dazwischen liegt der auch bisher schon schwer zu bestimmende Bereich von Leistungen, die zwar eine Absicht erkennen lassen, aber die Aufgabe zu keiner oder zu keiner ausreichend qualifizierten Lösung führen. Diese Zone war auch bisher schon schwer zu vermessen und es stellt sich die Frage, ob etwa die Unterscheidung zwischen der Bewertung mit den Notenwerten 4,75 und 5,0 wirklich zu halten ist.

3. In den seltensten Fällen wird sich der Leistungsstand von Schülerinnen und Schüler an einem einzigen Kompetenzstandard ablesen lassen – genauso wenig, wie man bisher eine Englischnote allein durch Vokabeltests errechnet hat. Macht man sich deshalb bewusst, dass die Zeugnisnote zum Halbjahr oder die Jahresnote Auskunft gibt über bis zu 30 Kompetenzen, so werden sich rein rechnerisch auch bei einer Basis von lediglich drei Kompetenzstufen notwendigerweise sämtliche Zwischennoten zwischen 1,0 und 6,0 ergeben.

Es müsste nun also möglich sein, jeden Kompetenzstandard wenigstens einer der vier Kategorien zuzuordnen, um so ein möglichst differenziertes Gesamtbild vom Lern- und Leistungsstand der einzelnen Schülerinnen und Schüler sowie der Lerngruppe zu erhalten. Noch einmal: Die Entscheidung, welche Kategorie für welchen Standard in den Blick kommen soll, darf und wird unterschiedlich ausfallen. Wichtig ist, dass man sich für jede Zuordnung der besonderen didaktischen Konsequenzen bewusst ist. Dies soll im nächsten Abschnitt an konkreten Beispielen deutlich werden.

1.4 Kategorien und Kompetenzstufen A bis C

Welche drei Kompetenzstufen von A nach C lassen sich für den Bereich des Wissens und Verstehens benennen? Die im Folgenden vorgeschlagenen Terminologien sind je für sich nicht gänzlich neu. Entscheidend ist nun aber ihre Bezugnahme auf die neuen Bildungsstandards. Dafür dient folgende Übersicht über die Kompetenzstufen in den vier Kategorien von Befähigung:

Kompetenzstufen kategorial

1.4.1 Kategorie I (kognitiver Bereich)

Geht es im Unterricht um Lernwege des Wahrnehmens, Denkens, Verstehens, Erklärens und Durchdringens, so lassen sich folgende Stufen unterscheiden:

A	B	C
Grundzüge wiedergeben können $\Rightarrow$	**Hintergründe benennen können** $\Rightarrow$	**Transfer leisten können**
Beschreibung: ▸ können die im Unterricht erhaltenen Informationen in wesentlichen Grundzügen reproduzieren	*Beschreibung:* ▸ können die im Unterricht u. U. auch zu unterschiedlichen Zeitpunkten erhaltenen Informationen miteinander verknüpfen und Bezüge herstellen	*Beschreibung:* ▸ können Informationen selbstständig reorganisieren und in einen neuen Zusammenhang einordnen

1.4.2 Kategorie II (kommunikativer Bereich)

Geht es im Unterricht um Lernwege, die Schülerinnen und Schüler befähigen sollen, Auskunft zu geben, sich auszudrücken, Informationen zu erfragen, Gespräche zu führen oder zu diskutieren, so lassen sich folgende Stufen unterscheiden:

A	B	C
Gegenstandsbezogene Äußerung $\Rightarrow$	**Adressatenbezogenes Reden** $\Rightarrow$	**Diskursive Reflexion**
Beschreibung: ▸ können Sachverhalte, eigene Gefühle, Einsichten oder Eindrücke aus der eigenen Perspektive formulieren	*Beschreibung:* ▸ können eine eigene sprachliche Äußerung in den Dialog mit anderen Äußerungen bringen bzw. sich darauf beziehen	*Beschreibung:* ▸ können von der eigenen Position aus auch andere Positionen wahrnehmen und in ihrer Äußerung berücksichtigen

1.4.3 Kategorie III (methodisch-kreativer Bereich)

Geht es im Unterricht um Lernwege, die Schülerinnen und Schüler ausstatten sollen mit der Fähigkeit, zu gestalten, Methoden anzuwenden, ein Produkt zu erstellen oder im weitesten Sinne kreativ zu werden, so lassen sich folgende Kompetenzstufen unterscheiden:

A	B	C
Reproduktion (Vorlage wiederholen) $\Rightarrow$	**Rekonstruktion** (Durchdringung) $\Rightarrow$	**Transformation** (Übertragung)
Beschreibung: ▶ können Aufgabenstellungen, die bereits erprobt wurden, mit veränderten Variablen durchführen	*Beschreibung:* ▶ können strukturverwandte Aufgaben bearbeiten: dieselbe Methode in einer veränderten Anwendung oder: die angemessene Methode für einen bestimmten Anwendungsfall wählen	*Beschreibung:* ▶ können fremde Aufgaben selbstständig bearbeiten (Aufgabentypus identifizieren, Methode begründet wählen und durchführen)

1.4.4 Kategorie IV (personaler und sozialer Bereich)

Sollen die Schülerinnen und Schüler die Fähigkeit erwerben, ein Selbstverständnis zu formulieren, in Gruppenprozessen aktiv zu werden oder Prozesse und Ergebnisse zu reflektieren, so lassen sich folgende Kompetenzstufen beschreiben:

A	B	C
reaktiv	**aktiv**	**konstruktiv**
Beschreibung: ▶ können sich auf Aufforderung an Problem- und Aufgabenlösungen beteiligen	*Beschreibung:* ▶ können selbst Initiativen zur Bearbeitung von Aufgaben und Problemen übernehmen	*Beschreibung:* ▶ können eigene Beiträge zur Bearbeitung von Aufgaben und Problemen mit anderen Beiträgen koordinieren

1.5 Werkstatt Kompetenzstufen

Der entscheidende Schritt in die Praxis, die Anwendung des Kompetenzstufen-Schemas auf einzelne Bildungsstandards, besteht nun in einer doppelten Reflexion, die die Resultate der letzten beiden Schritte zusammenführt.

    Es geht zunächst um die Reflexion der bereits formulierten Frage: Was können Schülerinnen und Schüler, die über diese Kompetenz verfügen? Um anschließend die Frage zu beantworten: Was können diese Schülerinnen und Schüler ‚mindestens‘, also: Wie lässt sich die Mindestbefähigung standardisieren; was können sie, wenn sie über diese Kompetenz ‚ordentlich‘, also auf einem durchschnittlichen Erwartungsniveau verfügen; und schließlich: Was können sie, wenn sie die fraglichen Kenntnisse, Fertigkeiten und Einstellungen im eigentlichen Sinn besitzen? (s. **Abb. 4**)

    Der Zwischenschritt, in dem der fragliche Bildungsstandard einer der vier beschriebenen Kategorien zugeordnet werden soll, soll die Verständigung

Kompetenzstufen selbst erstellen

Welche Kategorie von Befähigung wird angestrebt?

Arbeitsaufgabe:
Kompetenzorientierte Erwartungen von Unterrichtserträgen in drei Stufen

Im nächsten Feld tragen Sie bitte eine selbstgewählte Kompetenzformulierung (Bildungsstandard) ein!

Die Schülerinnen und Schüler –

„Kompetenzexegese": Was können Schülerinnen und Schüler, wenn sie über diese Kompetenzen verfügen?

Erläuterung mit eigenen Worten:

Zugeordnete Kategorie (I–IV):
(Bemerkungen zur Zuordnung)

Kompetenzstufe A (Mindeststandard)	**Kompetenzstufe B** (Regelstandard)	**Kompetenzstufe C** (Expertenstandard)
Beschreibung:	Beschreibung:	Beschreibung:
Beispiel:	Beispiel:	Beispiel:

Abb. 4

56

etwa während einer Fachkonferenz in doppelter Weise befördern. Zum einen kann die ‚Kompetenzexegese' dadurch erleichtert werden, dass die Beteiligten sich darauf verständigen, dass sie bei dem fraglichen Standard vor allem den kognitiven oder aber den kreativen Aspekt hervorheben wollen. Ebenso gut kann der Fall eintreten, dass diese gemeinsame Zuordnung nicht zustande kommt. Nun wird aber deutlich, warum u. U. die didaktische Umsetzung eines Themas oder Inhalts bei den verschiedenen Kolleginnen und Kollegen so unterschiedlich ausfällt. Wer etwa die Fähigkeit, über einen mathematischen Lösungsweg Auskunft zu geben, vor allem als *Sprachkompetenz* begreift, wird – oder sollte! – anders Unterricht planen und andere Gütekriterien vor Augen haben als jemand, der oder die dieselbe Aufgabenstellung vor allem unter *kognitiven*, unter *methodischen* oder *kreativen* Gesichtpunkten unterrichtet. Die Fortsetzung des in der Unterrichtswerkstatt begonnenen Arbeitsschrittes lautet demzufolge im folgenden Abschnitt: Welche konkreten unterrichtlichen Interaktionen müssen unternommen werden, um die angestrebte Kompetenz der Schülerinnen und Schüler Schritt für Schritt anzubahnen, zu erwerben oder zu üben?

Bevor dieser Weg weiter beschritten wird, werden einige Beispiele aus entsprechenden Werkstätten aus Baden-Württemberg vorgestellt und kommentiert. Den jeweiligen Beispielen werden die allgemein formulierten Kompetenzstufen vorangestellt.

1.5.1 Kategorie I (kognitiver Bereich)

Beispielstandard:

Die Schülerinnen und Schüler *können komplexe Zusammenhänge in Wirtschaft und Gesellschaft auch unter naturwissenschaftlichem Blickwinkel sehen und werten (Ba-Wü, NWA, Kl. 10)*

Kompetenzexegese

Die Schülerinnen und Schüler haben einen Begriff von wirtschaftlichen und gesellschaftlichen Phänomenen und können Unterscheidungskriterien benennen. Sie kennen naturwissenschaftliche Fakten und Argumente und können diese zur Beurteilung von gesellschaftlichen Trends/Meinungen und wirtschaftlichen Faktoren einsetzen.

Gewählte Kategorie/Begründung:

Kategorie I (kognitiver Bereich): Die Schülerinnen und Schüler sollen etwas *erkennen* und *bewerten*, also *Phänomene wahrnehmen* und *verstehen*.

Kompetenzstufen:

A	B	C
Grundzüge wiedergeben können $\Rightarrow$	**Hintergründe benennen können** $\Rightarrow$	**Transfer leisten können**
Beschreibung: ▶ können die im Unterricht erhaltenen *Informationen* in wesentlichen Grundzügen reproduzieren	*Beschreibung:* ▶ können die im Unterricht u. U. auch zu *unterschiedlichen* Zeitpunkten erhaltenen Informationen miteinander verknüpfen und Bezüge herstellen	*Beschreibung:* ▶ können Informationen selbstständig reorganisieren und in einen neuen Zusammenhang einordnen
Die Schülerinnen und Schüler ▶ kennen die Funktionsweise einer Windkraftanlage ▶ können die wirtschaftspolitische Haltung von Energiekonzernen zur Windenergie erläutern ▶ wissen, wie Windkraftanlagen bewirtschaftet werden	Die Schülerinnen und Schüler ▶ kennen die Funktionsweise einer Windkraftanlage ▶ können physikalische Gemeinsamkeiten und Unterschiede zur Wasserkraftanlage (oder zum Gezeitenkraftwerk) darstellen und erklären ▶ können daraus auch wirtschaftspolitische Konsequenzen ableiten	Die Schülerinnen und Schüler ▶ können erläutern, dass Windkraft, Wasserkraft und Atomkraft physikalisch alle mit Hilfe von Energieumwandlung arbeiten ▶ können die wesentlichen Unterschiede in wirtschaftlicher, gesellschaftlicher und ökologischer Hinsicht erläutern und eine Position einnehmen

Kommentar

An diesem ersten Beispiel werden zwei Dinge deutlich, auf die bereits an dieser Stelle hingewiesen werden muss:

1. Solche Formulierungen, wie sie hier in den Konkretisierungen gefunden wurden, sind diskussionsbedürftig. Sie leiten sich ab von einem bestimmten Unterricht, der so stattgefunden haben könnte, aber eben auch ganz anders. Dann müssten auch die Konkretisierungen anders lauten. In jedem Falle aber müssen die Niveauunterschiede von A nach C prägnant sein, damit sie ihre Funktion für Unterrichtplanung und Diagnose erfüllen können.

2. Auf der Ebene der Konkretisierungen wird erkennbar, ob die Zuweisung des Standards zur entsprechenden Kategorie – hier: dem kognitiven Bereich – auch dem gesetzten Unterrichtsziel entspricht. Ein Unterricht, der vor allem auf das Verstehen, Durchdringen und Beurteilen zielt, wird anders aussehen als ein Unterricht, der Kreativität fördert oder Formen der Kooperation oder die Sprachfähigkeit der Schülerinnen und Schüler. Entscheidend ist, welchen Akzent die Lehrkraft bewusst setzen will bzw. der Unterricht setzen soll.

Es ist nicht generell und von vornherein zu entscheiden, welcher Akzent der angemessenere ist und ob es nicht sinnvoll ist, mehrere Akzente gleichzeitig im Blick zu haben. Vorsichtig geurteilt, sollten es jedoch nicht mehr als zwei Akzente sein, also etwa der kognitive und der sprachlich-kommunikative. Damit ist die Anschlussfrage verbunden, wie die unterschiedlichen Akzente sich zueinander verhalten und gegeneinander zu gewichten sind.

Unter diesen einschränkenden Voraussetzungen könnten Konkretisierungen für Kompetenzniveaus für die verbleibenden drei Kategorien folgendermaßen lauten:

prägnante, praxistaugliche Niveauunterschiede

1.5.2 Kategorie II (kommunikativer Bereich)

Beispielstandard:
Die Schülerinnen und Schüler *sind fähig, Gespräche zu führen; sie können Meinungen anderer respektieren und aushalten.* (Ba-Wü, Deutsch, Kl. 6)

Kompetenzexegese
Die Schülerinnen und Schüler können klar artikulieren. Sie können auf Gesprächsregeln achten, lassen einander ausreden und können sich in ihren Beiträgen auf zuvor Gehörtes beziehen. Sie sprechen einander persönlich an.

Kompetenzstufen:

A	B	C
Gegenstandsbezogene Äußerung ⇒	**Adressatenbezogenes Reden** ⇒	**Diskursive Reflexion**
Beschreibung: ▶ können Sachverhalte, eigene Gefühle, Einsichten oder Eindrücke aus der eigenen Perspektive formulieren	*Beschreibung:* ▶ können eine eigene sprachliche Äußerung in den Dialog mit anderen Äußerungen bringen bzw. sich darauf beziehen	*Beschreibung:* ▶ können von der eigenen Position aus auch andere Positionen wahrnehmen und in ihrer Äußerung berücksichtigen
Die Schülerinnen und Schüler ▶ können Sachverhalte mitteilen und von Einschätzungen/Meinungen unterscheiden ▶ können sprachlich signalisieren, ob sie eine Beschreibung oder eine Meinung wiedergeben ▶ können deutlich machen, auf wen sie sich beziehen und wie sie ein fremdes Votum bewerten	Die Schülerinnen und Schüler ▶ können auf Beiträge anderer so reagieren, dass sie den Informationsgehalt vom Meinungsgehalt unterscheiden und entsprechend reagieren ▶ können die Meinung/Einschätzung eines anderen mit eigenen Worten wiedergeben	Die Schülerinnen und Schüler ▶ können eigene Beiträge und Beiträge anderer miteinander vergleichen und die Gemeinsamkeiten und Unterschiede in Worte fassen ▶ können den Verlauf von Diskussionen wahrnehmen und darauf reagieren

Kommentar

Noch einmal wird bei den Konkretisierungen deutlich, wie konkret sie sein müssen. Die hier gebotenen Formulierungen sind für den Unterricht in einer Einzelstunde noch viel zu allgemein. Verändert sich das Mindestniveau, wenn es sich um ein selbst gewähltes, ein fremdbestimmtes oder ein persönliches Thema, etwa einen Konflikt in der Klasse, handelt? Sind vollständige, grammatikalisch korrekte Sätze erforderlich? Müssen Meinungsäußerungen in der 1. Person singular abgefasst sein, müssen sie begründet sein?

1.5.3 Kategorie III (methodisch-kreativer Bereich)

Beispielstandard:
Die Schülerinnen und Schüler *sind in der Lage, biblische Texte kreativ zu bearbeiten.* (Ba-Wü, ev. Rel., Kl. 6)

Kompetenzexegese
Die Schülerinnen und Schüler kennen einen biblischen Text nach dem Inhalt und seiner Pointe und können dies sprachlich verdeutlichen (durch Nacherzählung, durch Kommentierung). Sie kennen mindestens eine Methode, einen solchen Text kreativ zu bearbeiten, und können diese Methode so anwenden, dass dadurch der Text interpretiert wird. Sie können ihre Interpretation mit eigenen Worten erläutern.

Kompetenzstufen:

A	B	C
Reproduktion (Vorlage wiederholen) $\Rightarrow$	**Rekonstruktion (Durchdringung)** $\Rightarrow$	**Transformation (Übertragung)**
Beschreibung: ▶ können Aufgabenstellungen, die bereits erprobt wurden, mit veränderten Variablen durchführen	*Beschreibung:* ▶ können strukturverwandte Aufgaben bearbeiten: dieselbe Methode in einer veränderten Anwendung oder: die angemessene Methode für einen bestimmten Anwendungsfall wählen	*Beschreibung:* ▶ können fremde Aufgaben selbstständig bearbeiten (Aufgabentypus identifizieren, Methode begründet wählen und durchführen)
Die Schülerinnen und Schüler ▶ können zu einer biblischen. Geschichte einen Comic zeichnen bzw. Sprechblasen sachgerecht ausfüllen (oder: ein Standbild erstellen, einen Text umschreiben als Zeitungsbericht usw.)	Die Schülerinnen und Schüler ▶ können die biblische Thematik in ihre Lebenswelt übertragen und dafür eine geeignete Methode anwenden	Die Schülerinnen und Schüler ▶ können die Thematik der biblischen Geschichte in einem neuen Medium bearbeiten (Interview, Rollenspiel, …) ▶ können den Bearbeitungsvorgang kommentieren

Kommentar

An diesem Beispiel wird ein weiteres Problem deutlich, dem man sich bei der Planung und Diagnose von Unterricht stellen muss. Es ist nämlich von entscheidender Bedeutung, ob die Kompetenzstufen im Sinne von Qualitätsstufen formuliert und gedacht sind, die dreimal dasselbe auf unterschiedlichem Niveau beschreiben, oder ob es sich um Verlaufsstufen handelt, die sich chronologisch vollziehen und damit womöglich von Stufe zu Stufe etwas Neues einführen. Konkret wird man sich beispielsweise entscheiden müssen, ob kreative und methodische Fähigkeiten auch auf dem Mindestniveau bereits einen reflexiven Anteil aufweisen müssen – wozu

Komplexität von Kompetenzen

ich dringend rate –, oder ob man dies erst für das mittlere oder das höchste Niveau voraussetzt.

1.5.4 Kategorie IV (personaler und sozialer Bereich)

Beispielstandard:
Die Schülerinnen und Schüler *können zu sozialem Engagement einen eigenen Standpunkt einnehmen und darüber reflektieren* (BaWü, Realschule, Themenorientiertes Projekt Soziales Engagement)

Kompetenzexegese
Die Schülerinnen und Schüler haben auf einem Praxisfeld Erfahrungen im verantwortlichen Umgang mit Menschen gemacht. Sie können diese Erfahrungen so versprachlichen, dass sie eigene Erlebnisse, Gefühle und Motivationen in die Gesamtschilderung einbetten können. Sie können zum Ausdruck bringen, wie diese Erfahrungen ihre eigene Einstellung und Haltung verändert oder geprägt haben.

Kompetenzstufen:

A	B	C
reaktiv	**aktiv**	**konstruktiv**
Beschreibung: ▶ können sich auf Aufforderung an Problem- und Aufgabenlösungen in der Weise beteiligen, dass eigene Anteile erkennbar werden	*Beschreibung:* ▶ können selbst Initiativen zur Bearbeitung von Aufgaben und Problemen übernehmen und eigene Anteile in den Kontext des Problemumfeldes stellen	*Beschreibung:* ▶ können eigene Beiträge zur Bearbeitung von Aufgaben und Problemen im Verhältnis zu anderen Lösungswegen und Rahmenbedingungen darstellen (reflektieren)
Die Schülerinnen und Schüler ▶ können darstellen/berichten: Ich habe Erfahrungen gesammelt in … (Rahmenbedingungen/Aufgabenstellung) ▶ können so berichten, dass ihre eigenen Erfahrungen dabei sichtbar werden ▶ können diese Erfahrungen in ein Verhältnis zu Erwartungen und Bedingungen setzen (z. B.: Die Aufgabe war schwierig, weil …, war (un)angenehm, weil …	Die Schülerinnen und Schüler ▶ können darstellen/berichten: Ich habe Erfahrungen gesammelt in … und mein Anteil bestand in besonderer Weise in … ▶ können eigene Erfahrungen bewerten (z. B.: Meine Aufgabe war wichtig für …)	Die Schülerinnen und Schüler ▶ können darstellen und berichten, welche Gefühle die eigenen Erfahrungen begleitet haben, welche Bedingungen die Aufgabenerfüllung erschwert/erleichtert hat ▶ können abweichende Aufgabenstellungen in Relation zur eigenen Aufgabe/Problemlösung stellen (z. B.: Haupt- und Ehrenamt, Funktionen in der Gruppenarbeit, …)

1.6 Mit Kompetenzstufen arbeiten

Der ganze jetzt zurückgelegte Arbeitsschritt war getragen von der Verständigung über die Frage: Was können Schülerinnen und Schüler, die über diese Kompetenz verfügen – oder einfacher: Was kann ein Kind, das das kann? Diese Verständigung ist deshalb so elementar, weil ohne sie Unterricht in Kompetenzen bzw. Unterricht auf Kompetenzstandards hin weder Sinn noch Ziel haben wird. Wie aber ist nun solcher kompetenzorientierte Unterricht zu planen?

2. Unterricht planen

2.1 Unterrichtseinheiten erstellen

Ein Problem – und zugleich einen enormen Freiraum – stellt wiederum die Art und Weise dar, wie Bildungsstandards gemeinhin notiert werden. Den bisher veröffentlichten Bildungsstandards der Länder und in Sonderheit den nationalen Standards der KMK ist zuzeigen, dass in diesen curricularen Vorgaben keine einzelnen Unterrichtseinheiten mehr formuliert werden. Es liegt vielmehr in der Hand der Unterrichtenden, die vorgegebenen Kompetenzen mit Inhalten – die zum Teil fast ganz fehlen, insgesamt jedenfalls stark reduziert wurden – in ein sachgerechtes Spiel zu bringen. Vereinfacht ausgedrückt müssen Lehrkräfte vor der Planung einer Unterrichtseinheit fragen: An welchem Inhalt können solche im Lehrplan ausgewiesenen Kenntnisse, Fähigkeiten und Einstellungen erworben werden, wie sie als Standards formuliert sind – oder: Welche der ausgewiesenen Kompetenzstandards können sinnvollerweise an welchem bestimmten Inhalt, einem bestimmten Thema oder Lerngegenstand erworben werden?

Unterrichtseinheiten konzipieren

wichtig für U'planung

Die einfachste Notation für diese didaktische Analyse könnte in einer zweispaltigen Tabelle oder in einer Mindmap bestehen, die folgende Elemente aufweist:

– in einem Feld wird ein Thema notiert und ggf. inhaltlich spezifiziert (Beispiel: Märchen: Entstehung, sozialer Hintergrund, Nacherzählung, Deutung)
– in einem zweiten Feld oder ggf. in mehreren Feldern, die im Sinne der aufgezeigten Kategorien von Kompetenzen gekennzeichnet sind, werden Kompetenzen aus dem Lehrplan notiert, die sich möglicherweise und sinnvollerweise anhand des gewählten Themas anstreben lassen.
– Eine solche Notation könnte folgendermaßen aussehen (alle Beispiele aus dem Bildungsplan Baden-Württemberg, Mittlerer Bildungsabschluss Deutsch Kl. 6) (s. a. **Abb. 5**).

Die einfachere Variante zur Notation bestünde in einer Tabelle, in der in der einen Spalte das Thema, in der anderen die Kompetenzen notiert werden. Pragmatisch geurteilt werden es sinnvollerweise nicht mehr als vier oder fünf Kompetenzen sein, die einem Thema zugeordnet werden. Im nächsten Schritt muss aus der reinen Zielplanung eine Verlaufsplanung werden, um schließlich bis zur einzelnen Unterrichtsstunde vorzustoßen.

Mindmap zum Thema Märchen

Kategorie I
(kognitiver Bereich)
- Sprachvarianten (Standardsprache/ Umgangssprache) unterscheiden;
- Inhalte, Sprache und Formen von Texten reflektieren und bewerten

Kategorie II
(sprachlich-kommunikativer Bereich)
- mithilfe von Stichwortzetteln vorbereitete kürzere Inhalte vortragen
- literarische Texte nacherzählen

Thema: Märchen
- Entstehung (,Sitz im Leben')
- Nacherzählung
- Rollenspiel
- Deutung

Kategorie III
(kreativ-gestalterischer Bereich)
- Gestaltungsmittel einer spannenden Erzählung gezielt einsetzen
- Textmuster des Märchens, der Sage und der Fabel zur kreativen Gestaltung eigener Texte nutzen

Kategorie IV
(personaler und sozialer Bereich)
- aufmerksam zuhören
- im Gespräch aufeinander eingehen
- eigene Lesegewohnheiten einschätzen und reflektieren;

Abb. 5

2.2 Verlaufsplanung

Schrittweise
Kompetenzen
anbahnen

Welchen Verlauf soll der schrittweise Erwerb der einzelnen Kompetenzen nehmen?

Bisher bilden die gewählten Kompetenzen noch ein unsortiertes Gemenge, das weder chronologisch, noch sachlogisch, noch schüler- und unterrichtsbezogen sortiert ist. In welcher Weise diese Sortierung vorzunehmen ist, lässt sich nicht allgemein angeben. Es wird unter anderem davon abhängen, von welchen Vorkenntnissen und Fähigkeiten ausgegangen werden kann, welche Kompetenzen schon früher in den Blick genommen wurden oder wie viel Zeit zur Verfügung steht.

Ein bewährtes **Notationsschema** hat die Form eines „T"-Buchstabens (s. **Abb. 6**).

Ein bewährtes Notations-Schema

Thema (und inhaltliche Aspekte) _____

_____

Kompetenzerwerb:
Die Schülerinnen und Schüler (können)

▶ _____

▶ _____

▶ _____

Teilkompetenzen/ inhaltliche Aspekte	Methodisch-didaktische Einfälle; Varianten

Abb. 6

2.3 Unterrichtsnotations-Schema

Am Beispiel einer einzelnen Stunde ist nun zu zeigen, wie sich die ‚Kompetenzexegese' in konkreten Unterricht übersetzen lassen wird. Die Grundstruktur jeder Unterrichtsnotation – ein Thema, bestimmte (Lern-)ziele sowie die daraus abgeleiteten unterrichtlichen Schritte – ist unabhängig von den jeweiligen curricularen Vorgaben. Entscheidend ist nun aber, dass die Unterrichtsziele ja in Form konkreter Kompetenzstandards vorgegeben sind und dass die unterrichtlichen Schritte daraufhin transparent sein müssen, ob und inwiefern sie dem vorgenommenen Ziel des Kompetenzerwerbs zuarbeiten. Die vorgegebenen Kompetenzziele sind aber in aller Regel im Blick einer einzelnen Unterrichtsstunde völlig überdimensioniert. Schon aus diesem Grund bedarf es der Überlegungen (a) was ein Kind kann, wenn es über diese Kompetenz verfügt, und (b) wie sich dieser Kompetenzerwerb stuft. Ein entsprechendes Notationsschema könnte deshalb folgende Elemente aufweisen (s. **Abb. 7**).

Zu diesem Notationsschema sind zwei Dinge anzumerken.

2.3.1 Befähigungsziel

Es lässt sich nicht generell entscheiden, wie viele Kompetenzen des Bildungsplans für eine Unterrichtseinheit ratsam sind, geschweige denn, wie viele Kompetenzen in einer Stunde angestrebt werden können. Man muss noch genauer formulieren: Viele der Kompetenzen werden auch für eine einzelne Unterrichtsstunde überdimensioniert sein. Manche Kompetenzziele überfordern selbst eine einzelne Lernsequenz oder eine ganze Unterrichtseinheit. Bestimmte Kompetenzen wird man womöglich ein Leben lang anstreben. Zu dieser teilweisen Überdimensionierung von Kompetenzen kommt hinzu die bereits mehrfach angesprochene Komplexität. Dies wird spätestens deutlich, wenn man versucht die Frage zu beantworten, was ein Kind kann, das etwa „aufmerksam zuhören, Sprechabsichten erkennen und sach-, situations- und adressatenbezogen auf andere eingehen" kann (Ba-Wü, Gymnasium Deutsch, Kl. 6).

Die beiden zuletzt beschriebenen Eigenschaften vieler – um nicht zu sagen, der meisten! – Bildungsstandards machen es dringend erforderlich, für jede Unterrichtssequenz (hier eine Unterrichtsstunde) ein konkretes Befähigungs- oder Stundenziel aus dem jeweiligen Bildungsstandard abzuleiten. Um beim oben genannten Beispiel aus Baden-Württemberg zu bleiben
– *Die Schülerinnen und Schüler können Inhalte, Sprache und Formen von Texten reflektieren und bewerten* – so könnte das Befähigungsziel einer Einzelstunde lauten: Die Schülerinnen und Schüler *erkennen am Beispiel des Märchens … die typischen Eingangs- und Schlussformulierungen des Märchens (und entdecken Varianten im Märchen vom …).* Die Frage, ob die Stunde erfolgreich war, lässt sich nun exakt an dem selbstgesetzten Ziel messen.

Unterrichtsnotations-Schema

Thema der Unterrichtseinheit   Fach: _____

_____

Name der Lehrkraft _____   Klasse _____   Datum _____

Kompetenzerwerb:
Die Schülerinnen und Schüler (können)

▶ _____

▶ _____

Befähigungsziel der Einzelstunde:
Die Schülerinnen und Schüler (können)

▶ _____

▶ _____

Zeit/ Unterrichtsphase	Interaktion Lehrkraft (Methode)	Tätigkeit der SchülerInnen	Kommentar/ Varianten

Abb. 7

2.3.2 Korrespondenz zwischen Lehrer- und Schüleraktivität

In den Spalten 1–3 dokumentiert sich in konzentrierter Form das, was in der betreffenden Stunde passiert bzw. passieren soll. Man könnte auch zuspitzen: In diesen Spalten trifft man auf das didaktische Handwerk, die didaktische Kompetenz der Unterrichtenden. Zwischen dem, was eine Lehrkraft im Unterricht intendiert und inszeniert, vermittelt und umsetzt durch bestimmte Methoden, und dem, was die Schülerinnen und Schüler daraus und damit machen, muss Korrespondenz herrschen. Kompetenzorientiertes Lehren und Lernen im Sinne einer nachhaltigen Befähigung wird in besonderer Weise auf die Selbsttätigkeit der Schülerinnen und Schüler achten. Die Frage ist: Welche Angebote und Inszenierungen zielen auf welche Schüleraktivitäten, welche Methoden sind in besonderer Weise dafür geeignet, solche Aktivitäten freizusetzen und woran liegt es, wenn erwartete Schüleraktivitäten ausbleiben? Das Schema zur Unterrichtsnotation ist deshalb gleichzeitig geeignet als Beobachtungsbogen zur Beratung und Begleitung (Mentorierung) von Unterricht. Allein schon ein Vergleich der 3. Spalte (Schüleraktivität) zwischen Unterrichtsskizze und beobachteter Realisierung gibt wesentliche Hinweise für ein Beratungsgespräch:

▶ Was war intendiert und was ist (stattdessen) eingetreten?

▶ Wie viel Zeit sollte welche Aktivität in Anspruch nehmen und wie lange hat es im realen Unterricht gedauert?

▶ Welche Vielfalt von Schüleraktivitäten ist aus der Beobachtungsspalte ablesbar?

Um solche Fragen geht es im nachfolgenden Abschnitt.

3. Unterricht durchführen.
Kriterien und Indikatoren kompetenzorientierten Unterrichts

Rein äußerlich wird es auch künftig in jedem schulischen Unterricht unabhängig vom jeweils geltenden Bildungsplan die herkömmlichen Grundtypen von Interaktionen zwischen der Lehrkraft auf der einen Seite und den Schülerinnen und Schülern auf der anderen Seite geben. Ich beschränke mich auf vier Grundformen der Interaktion, die im Folgenden kurz skizziert werden, um anschließend daraus vier Perspektiven auf den Unterricht abzuleiten:

▶ Im Unterricht wird gesprochen, das heißt: Es wird vorgelesen und erzählt, es wird gefragt und geantwortet, es wird diskutiert, erörtert, dargelegt, nacherzählt, es werden Aufträge erteilt oder erörtert, es wird aber auch über Sprache geredet, Sprachempfinden entwickelt, nach Worten und nach alternativen Formulierungen gesucht. (> **1. Perspektive: Sprache**)

▶ Im Unterricht wird gearbeitet, das heißt: Schülerinnen und Schüler lösen Aufgaben oder Probleme, erstellen oder bearbeiten Texte, werden kreativ, gestalten, stellen her, singen, musizieren, erfinden, entdecken. (> **2. Perspektive: Arbeiten**)

▶ Im Unterricht werden Medien und Materialen be- und verarbeitet, seien es Bilder oder Texte, Holz oder Papier, Filme oder Musikbeispiele, Textblätter oder Skizzen. (> **3. Perspektive: Medien und Materialien**)

▶ Im Unterricht werden Lernprozesse in Richtung auf bestimmte Ergebnisse nicht nur angestoßen, sondern auch beobachtet, diagnostiziert, festgestellt, beurteilt, besprochen, bewertet. (> **4. Perspektive: Umgang mit Lernleistungen (Diagnose und Evaluation)**)

Keine dieser Grundtypen der Interaktion ist völlig neu oder überraschend. Entscheidend ist, ob es gelingt, gerade auf das, was prinzipiell gleich bleibt, Kriterien anzuwenden, die 1. den Unterricht als kompetenzorientiert erkennbar machen und 2. Indikatoren hergeben, die hilfreich sind, die Unterrichtsqualität zu entwickeln, das heißt: solche didaktischen Entscheidungen zu begründen, die geeignet sind, vorhandene Stärken zu sichern und vorhandene Defizite zu vermindern.

Sprache

Der Umstand, dass im Unterricht gesprochen wird, führt noch nicht automatisch dazu, dass im Unterricht Sprachkompetenz entwickelt wird. Nun konnte in den Abschnitten II und III zum einen gezeigt werden, dass Bildungsstandards die Sprachpflege zum durchgängigen Unterrichtsprinzip erheben, zum anderen lässt sich an den Bildungsstandards ganz konkret ablesen, was unter Sprachkompetenz zu verstehen ist.

Sprechen im Unterricht: Erwerb von Sprachkompetenz

Die auf der nächsten Seite folgende Übersicht versucht ein weiteres Mal, Komplexität zu reduzieren und zugleich die Vielfalt des in den Bildungsstandards Geforderten zu bewahren. Selbstverständlich können die Bildungsstandards, die in irgendeiner Weise Sprachkompetenz berühren oder implizieren, nicht vollständig zitiert werden. Zum anderen muss Kommunikation in vielen Fällen auch dort stattfinden, wo Bildungsstandards nicht ausdrücklich davon reden. Die Auswahl an Standards (Spalte 1) kann also nur exemplarisch illustrieren, aber zugleich die Einsicht begründen, dass es die Bildungsstandards selbst sind, die den besonderen Blick auf die sprachlichen Interaktionen im Unterricht geradezu erzwingen. Dieser Blick soll durch Beobachtungsfragen (Spalte 2) geschärft werden, die hier bewusst in Form von Alternativen vorgestellt werden. Wiederum handelt es sich nicht um wissenschaftlich validierte Items, sondern um Gesprächsanlässe für die kollegiale Diagnose von Unterricht sowie um Suchhilfen für die eigene Reflexion über Lehr- und Lernprozesse. Die vorgeschlagenen Fragen werden im Anschluss an die Tabellen mithilfe von ersten methodischen Hinweisen erläutert.

3.1 Erste Perspektive: Sprache (s. Abb. 8)

Zunächst mag auffallen, dass die Beobachtungsfragen durchweg konventionell sind. Originalität erhalten sie erst durch den Bezug auf konkrete Bildungsstandards. Wie sieht nun eine direkte Rückkoppelung zwischen angestrebtem Kompetenzerwerb – hier: Sprachkompetenz – und der quantitativen und qualitativen Bedeutung von Sprache im Unterrichtsgeschehen aus?

Beispielstandards	Beobachtungsfragen	
Die Schülerinnen und Schüler können	quantitativ	qualitativ
▶ diskutieren und Streitgespräche führen (Deutsch); ▶ unterschiedliche Lösungsstrategien beschreiben und abwägen und ihren Lösungsweg verständlich darstellen (Mathematik); ▶ einfache, direkte Gespräche über vertraute Themen von persönlichem Interesse beginnen, in Gang halten und beenden (Englisch); ▶ die Geschichte einer bedeutenden naturwissenschaftlichen Entdeckung wiedergeben (…) (Naturwissenschaftliches Arbeiten); ▶ die Wirkungsprinzipien von Verbrennungsmotoren erklären (Technik); ▶ mit Menschen anderer Religionen und Weltanschauungen sprechen, ihre Einrichtungen erkunden und ihre Einstellungen erfragen (kath. Religion).	▶ Wie verteilen sich die Gesprächsanteile zwischen Lehrkraft und SchülerInnen bzw. der SchülerInnen untereinander auf die effektive Lernzeit? ▶ Erhalten die SchülerInnen ausreichend Zeit, sich auch sprachlich auf ein Thema einzulassen? ▶ Gibt es freie bzw. verabredete Redezeiten für alle SchülerInnen?	▶ Wird ein Unterrichtsthema angesagt – oder für die SchülerInnen plausibel motiviert? ▶ erhalten die SchülerInnen Hilfestellungen bei der Entwicklung eigener sprachlicher Möglichkeiten? ▶ Werden Formulierungen standardisiert – oder wird die Sprachfähigkeit der SchülerInnen entwickelt? ▶ Werden Schüleräußerungen korrigiert – oder moderiert und integriert? ▶ Ist die Sprache nur ein Mitteilungsmedium – oder selbst ein Unterrichtsprinzip und -gegenstand?

Abb. 8

Einige Beispiele sollen dies verdeutlichen:
▶ *Wird ein Unterrichtsthema angesagt – oder für die SchülerInnen plausibel motiviert?*

Hier ist weder Zeit noch Raum für eine ausführliche motivationstheoretische Diskussion. Es geht im Moment nur um die grundsätzliche Vergewisserung: Zum einen kann Lehren und Lernen auf Motivation nicht verzichten, zum anderen kann Motivation nur begrenzt ‚erzeugt' werden. Was jedoch im Unterricht immer wieder versucht werden kann und muss, ist ein Doppeltes, nämlich: Angebote zu formulieren, die es den Schülerinnen und Schülern ermöglichen, sich zu öffnen; solche Angebote müssen für die Betreffenden wenigstens plausibel sein. Und es muss versucht werden, Motivationshindernisse nach Möglichkeit zu verringern. Kompetenzorientierung kann in diesem Zusammenhang bedeuten: Gelingt es, einen Lernweg so zu eröffnen, dass den Schülerinnen und Schülern bewusst wird, welche Kompetenzen es auf diesem Lernweg zu erwerben gilt?

Beispiel 1

Wird ein Lernweg beispielsweise eröffnet mit der Ankündigung, „Wir beschäftigen uns jetzt die nächsten vier Wochen mit Martin Luther und seiner Reformation", dann wird damit in der Regel weder die eine, noch die andere Bedingung zur Motivation der Lernenden erfüllt sein. Auch die Frage: „Was wisst ihr von Martin Luther?" wird in aller Regel kein fruchtbares Gespräch auslösen, in dem die Jugendlichen motiviert sind, ihre Sprachkompetenz zu entwickeln.

Kompetenzorientierung könnte nun aber folgendermaßen aussehen: Die Lehrkraft hat im Verlauf der Unterrichtsplanung nicht nur bestimmte Bildungsstandards mit dem Thema „Martin Luther und seine Reformation" verknüpft, sondern für sich bereits die Frage beantwortet: Was können Schülerinnen und Schüler, die über die betreffenden Kompetenzen verfügen?

In der Eröffnungsphase der neuen Unterrichtseinheit bietet die Lehrkraft nun den Jugendlichen den angestrebten Kompetenzerwerb an, indem sie etwa formuliert:

„Wir werden nun für einige Zeit in unserer eigenen Geschichte einen großen Schritt zurückgehen. Wir werden dabei auf einen Menschen stoßen, der seine damaligen Zeitgenossen so beeindruckt, aber auch provoziert hat, dass man heute noch von ihm spricht.

Wenn die kommenden vier Wochen vorüber sind, wird jeder von euch

- diesen Menschen so kennen gelernt haben, dass er von seinem Leben erzählen kann; außerdem kann jeder von euch
- begründen, warum es heute noch zwei große christliche Kirchen gibt;
- jeder von euch kann wenigstens einen Satz sagen, der lautet: Ich bin evangelisch bzw. katholisch bzw. gehöre keiner Konfession an, weil ...; und schließlich:
- Jeder und jede von euch kann einen biblischen Text in die heutige Zeit übersetzen und ihr könnt ein Lied auswendig.

Nun ist sicherlich nicht auszuschließen, dass Schülerinnen oder Schüler antworten, das wollten sie gar nicht kennen und können. Die entscheidende Frage wird sein, ob es der Lehrkraft gelingt, nun mit den Jugendlichen in ein Gespräch einzutreten, ob und inwiefern es einem 15-Jährigen ansteht, mit einem Satz ausführen zu können, ob und warum er oder sie evangelisch, katholisch oder nichts von beidem ist. Wo dieses Gespräch beginnt, ist man bereits mitten im Unterricht.

Ganz nebenbei könnte eine solche kompetenzorientierte Unterrichtseröffnung noch drei weitere Effekte haben, die dem Unterricht überaus dienlich sein könnten:

Kompetenzorientierung und Metaunterricht

▶ Die Schülerinnen und Schüler werden im besten Sinne des Wortes zu ‚Mitwissern' des angestrebten Lernwegs; sie können sprachliche und inhaltliche Varianten anbieten („Gehört dazu auch, dass man über den Papst besser Bescheid weiß?") und ihren Lernweg mitgestalten.

▶ Die Schülerinnen und Schüler können Schritt für Schritt den eigenen Lernweg kontrollieren, das heißt: Das Erreichte kann immer wieder versprachlicht werden („Versucht einmal zu formulieren, was wir heute geschafft haben" bzw.: „... was wir heute neu gelernt haben."). Dabei können auch getäuschte oder neu entstandene Erwartungen formuliert werden („Ich dachte eigentlich hier geht es irgendwann auch um … ").

▶ Leistungserwartungen können frühzeitig transparent gemacht bzw. verabredet werden – und die Jugendlichen können auch das Unterrichtsgeschehen aktiv bewerten („Ich habe gar nicht gemerkt, wann wir eigentlich diesen Menschen kennen gelernt haben … "; Stichwort: Feedback-Kultur, s. u.).

Auch die übrigen oben angeführten Beobachtungsfragen können in diesen Prozess mit einbezogen werden. Was landauf, landab als schwindende Sprachkompetenz von Jugendlichen diagnostiziert und beklagt wird, ist häufig vielmehr eine Transformation. Jugendliche reden nicht etwa nichts, sondern sie beherrschen weniger das schul- und gesellschaftskonforme Sprachspiel. Sprachkompetenz benötigt Räume und Zeiten, aber auch Angebote und Gelegenheiten. Wann und wo lernen die Kinder und Jugendlichen, dass man für die Betrachtung eines Altarbildes eine andere Sprache benötigt als die Erklärung, wie ein Verbrennungsmotor funktioniert? Wie oft werden die Schülerinnen und Schüler ermuntert und eingeladen, etwas Fremdes mit ihren eigenen sprachlichen Möglichkeiten auszudrücken, wie oft ‚spielt' man im Unterricht mit Sprache, um zu entdecken, wie die eigenen sprachlichen Möglichkeiten wachsen, wenn man zwischen unterschiedlichen Sprachspielen wählen und wechseln kann?

▶ Sprachkompetenz braucht Authentizität. Das bedeutet: Schülerinnen und Schüler müssen nicht nur zu Wort kommen, sondern sie müssen das Gefühl haben, dass sie selbst es sind, die zu Wort kommen.

Es empfehlen sich deshalb Methoden, die zum einen jugendlichen Sprachgebrauch aufgreifen, zum anderen die Jugendlichen dazu auffordern, ihre Sprechweise zu erläutern.

▶ Sprachkompetenz braucht Angebote und Übung. Das bedeutet schlicht: Schülerinnen und Schüler brauchen im Unterricht zahlreiche Sprechanlässe, sie müssen viel sprechen, und zwar nicht nur im Verhältnis zum Sprechanteil der Lehrkraft, sondern auch unter gegenseitiger Bezugnahme. Dafür benötigen sie ggf. Unterstützung und Formulierungsangebote.

▶ Sprachkompetenz ist angewiesen auf Sprachgefühl und sprachliche Ästhetik.

Wo und wie lernen die Kinder und Jugendlichen, dass die Nacherzählung einer Wundergeschichte selbst zum Wundern Anlass geben soll, dass die Beschreibung einer Versuchanordnung vor allem erklärend und die Beschreibung eines Kunstwerks wertschätzend sein sollte?

3.2 Zweite Perspektive: Arbeiten (s. Abb. 9)

Beispielstandards	Beobachtungsfragen	
Die Schülerinnen und Schüler können	**quantitativ**	**qualitativ**
▶ flüssig und sinnverstehend lesen (Deutsch); ▶ Hilfsmittel für mathematisches Arbeiten sinnvoll einsetzen (Mathematik); ▶ Informationen aus dem Internet oder anderen englischsprachigen Quellen selbstständig einholen, auswählen, aufbereiten, zusammenfassen und verständlich darstellen und weitergeben (Englisch); ▶ mithilfe von Modellvorstellungen mit Licht und seiner Ausbreitung (einfache geometrische Optik) oder mit Schall und seiner Ausbreitung praktisch und theoretisch umgehen (Naturwissenschaftliches Arbeiten); ▶ eigene Spiele nach ihren Bedürfnissen erfinden und in der Gruppe umsetzen (Sport, Kl. 6) ▶ aufbauend auf fundierten Fertigkeiten und Fähigkeiten zwei beliebige Sportarten praktizieren (Sport).	▶ Wie verteilen sich die Anteile von Angebot, Wiederholung, Übung und Transfer auf die effektive Lernzeit? ▶ Erhalten die SchülerInnen ausreichend Zeit, eigene Lösungswege zu erwägen? ▶ Gibt es freie bzw. verabredete Übungszeiten (Lesezeiten, Schreibzeiten, Arbeitsphasen)?	▶ Werden SchülerInnen beschäftigt – oder wissen sie, was sie gerade erarbeiten? ▶ Wird ein Produkt ‚fertig gemacht' – oder wird der Prozesscharakter des Erarbeitens bewusst gemacht? ▶ Dienen Hausaufgaben dazu, Liegengebliebenes zu Ende zu bringen – oder der Vertiefung und Übung von Kenntnissen, Fähigkeiten und Einstellungen? ▶ Wird der Arbeitsschritt als Prozess transparent oder nur als Zeit füllende Verlaufstätigkeit? ▶ Werden ‚Rezepte' ausgeteilt oder können die Schülerinnen und Schüler Lösungswege erschließen und zwischen Möglichkeiten wählen? ▶ Wird Methodenkompetenz geschult? ▶ Lassen sich aktive und passive Tätigkeiten unterscheiden, d. h.: ▶ Sollen die SchülerInnen ‚zuhören' oder dem Vortrag einen Eindruck entnehmen o. Ä.?

Abb. 9

Die hier angebotenen Beobachtungen zielen nicht auf einen generellen Vorrang von Freiarbeit, womöglich in Frontstellung zum Frontalunterricht. Es geht vielmehr um das klassische Prinzip der Selbsttätigkeit, verbunden mit der Kategorie des Sinnvollen. Diese Kategorie zielt sowohl auf die Schülerinnen und Schüler, als auch auf das Produkt der Arbeit. Schulische Arbeitsprozesse hinterlassen bei Kindern und Jugendlichen nicht selten den Eindruck, es komme vor allem darauf an, eine bestimmte Anweisung auszuführen, eine Vorlage zu kopieren oder Teilschritte zu vollziehen, über dessen Endergebnis nur die Lehrkraft Bescheid weiß, dies aber sehr konkret: „So muss das am Ende aussehen."

Arbeiten im Unterricht: Handlungsorientierung und Methodenkompetenz

Beispiele 2

2a „Du musst lernen, wie man hier denkt"

In der Grundschulmathematik gibt es folgende Aufgabenstellung: Das nachstehende gleichseitige Dreieck wird mit der Ziffer ‚1' übersetzt. Das nebenstehende zusammengesetzte Dreieck soll nun ebenfalls mit einer Ziffer identifiziert werden:

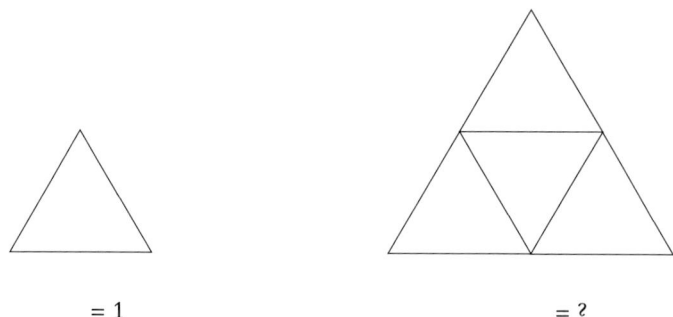

      = 1   = ?

Erfahrungsgemäß bieten die Kinder als Lösung der Aufgabe die Werte 1, 3, 4 oder 5 an. Entscheidend ist nun, ob die Lehrkraft antwortet: ‚5 ist richtig' (weil sich, den Umriss und das auf Spitze gestellte Dreieck in der Mitte mitgerechnet, tatsächlich fünf gleichseitige Dreiecke in der rechten Grafik finden) – oder ob das Kind aufgefordert wird, seine Antwort zu erläutern (etwa: „1, weil aus dem kleinen ein großes Dreieck geworden ist"; „3, weil sich in der rechten Grafik exakt dasselbe Dreieck wie links dreimal wiederfindet; „4, weil ein umgekehrtes Dreieck in der Mitte liegt" oder „5, weil zu den vier kleinen Dreiecken noch ein Großes hinzugekommen ist"). Pointiert ausgedrückt, lautet die alternative Botschaft: „Du verstehst nicht, wie man hier denkt" – oder: „Ich will verstehen, wie du denkst."

2b Collage zum Schulanfang

Die Lehrkraft hat sich zur Begrüßungsfeier der neu einzuschulenden Kinder ein besonderes Objekt ausgedacht: Über der Schulaula schwebt eine große Kugel, die von einem Strahler je zur Hälfte in Licht und Schatten getaucht wird. Die Kinder der bisherigen 5. Klasse erstellen für diese Kugel eine Collage, die je auf einer Hälfte der Kugel angebracht wird: Bilder in Schwarz-Weiß zeigen Schattenseiten des Lebens, Farbbilder zeigen freundliche Seiten. Die Arbeitsanweisung lautet: Sucht aus den mitgebrachten Zeitungen traurige Bilder in Schwarz-Weiß und fröhliche Bilder in Farbe, schneidet sie aus und klebt sie jeweils auf die ausgeteilten weißen Bögen. – Während der Arbeit kommt eine Kollegin aus der Nachbarklasse in den Raum und fragt ein Kind, woran gerade gearbeitet wird. Die lapidare Antwort lautet: „Wir müssen das da hinkleben."

Dieses authentische Beispiel wirft die Frage auf: Wodurch zeichnet sich ein Arbeitsauftrag bzw. seine Erledigung aus, bei dem die Schülerinnen und Schüler in ihren kreativen Möglichkeiten ernst genommen, unterstützt, geschult werden?

2c Einen Arbeitsplan vorstellen

Beim Klassenpflegschaftsabend (Elternabend) erklärt die Lehrkraft (Originalton verfremdet): „Bis zum Herbst nehmen wir die Kartoffel durch, in Mathematik sind Plus- und Minusaufgaben im Zahlenraum bis 10 dran ..." Und nach kurzem Zögern fügt sie hinzu: „Wir müssen ja jetzt auch so genannte Kompetenzen unterrichten. ... Wir machen deshalb jetzt häufiger Gruppenarbeit."

Dieses Beispiel beruht auf dem weit verbreiteten Missverständnis, als bedeute Kompetenzen zu unterrichten im Wesentlichen unveränderten Unterricht, fakultativ ergänzt durch besondere Sozialformen, um nun zusätzlich zu den jeweiligen Inhalten auch noch personale und soziale Kompetenz zu stärken. Kompetenzorientierung bedeutet nun aber gerade nicht die Unterscheidung zwischen ‚eigentlichem' (Pflicht-)Unterricht und einer wie immer gearteten ‚Kür', sondern eine durchgängige Orientierung allen schulischen Arbeitens. Eine kompetenzorientierte Auskunft an die Eltern hätte stattdessen lauten können:

„Bis zum Herbst können die Kinder eine Kartoffelblüte zeichnen und einen Kartoffeldruck herstellen; jedes Kind hat einmal im Schulbeet gearbeitet und kann Ihnen zwei einfache Rezepte für Gerichte aus Kartoffeln erklären. Außerdem beherrschen alle Kinder einfache Additionsaufgaben im Zahlenraum bis 10 und können dafür zwischen verschiedenen Materialien auswählen."

Wie in Beispiel 1 (s. o.) beschrieben, bedeutet eine solche Auskunft – nun auf Seiten der Eltern –

- höhere Transparenz über die tatsächlichen, das heißt auf die Schülerinnen und Schüler bezogenen, Lernziele;
- größere Einbeziehung der Eltern in die in der Schule intendierten Lernprozesse;
- klare qualitative Vorgaben für erfolgreiche Bildung, das heißt zugleich: Qualitäts- und Fördermaßstäbe für pädagogisches Handeln und nicht zuletzt für Elterngespräche.

Sinnvolle Arbeitsformen, die für Schülerinnen und Schüler auch in ihrem Prozesscharakter transparent sind, benötigen Arrangements, in denen den Kindern und Jugendlichen deutlich ist, dass das Ergebnis nicht von vornherein feststeht. Es werden im folgenden Abschnitt deshalb Methoden vorgeschlagen,

▶ die mehr den Arbeitsprozess akzentuieren als das bereits gewusste Ergebnis;

▶ die den Schülerinnen und Schülern unterschiedliche Lösungswege anbieten und damit die Möglichkeit, einen ‚eigenen' Lösungsweg zu finden;

▶ die den Schülerinnen das Gefühl geben, etwas ‚Echtes' herzustellen bzw. ‚wirklich' etwas zu arbeiten.

3.3 Dritte Perspektive: Medien und Materialien (s. Abb. 10)

Lernen in authentischen Lebenswelten

Ähnlich wie bei der vorangegangenen Perspektive auf Arbeitsformen und den Charakter der Arbeit spielen Raum und Zeit, aber auch die Kategorie Sinn, eine erhebliche Rolle. Beide Perspektiven sind deshalb auch eng mit einander verbunden, nur unterschiedlich akzentuiert. Lag der Akzent soeben noch bei der Arbeit *an* etwas, so geht es nun stärker um den Umgang *mit* Medien und Material, man könnte auch sagen: um die Erschließung und Bearbeitung von Wirklichkeit.

Dabei fallen zwei Aspekte auf. Den einen könnte man mit dem Begriff der „Schulförmigkeit" beim Gebrauch von Medien und Materialien umschreiben, der andere hat mit der Tendenz zur pädagogischen und didaktischen „Vernutzung" zu tun. Als Schulförmigkeit bezeichne ich den Umstand, dass alles, was Schule anfasst, aufgreift und verwendet, zu einem Teil des Systems Schule wird, und das häufig zum Schaden der Objekte und Gegenstände.

▶ Es gehört zur Tragik beispielsweise des Literaturunterrichts, dass allein schon die Darbietungsform klassischer Literatur bisweilen ein schwer zu behebendes Hindernis für die Neugier und die Offenheit der Schülerinnen und Schüler für die Sprache darstellt.

▶ Im Blick auf den Umgang mit der Bibel im Religions- oder Ethikunterricht ist ernsthaft zu fragen, ob das Austeilen von Fotokopien der gewünschten Rezeption der Bibel besonders dienlich ist.

▶ Geräte, von denen keine Faszination ausgeht, werden entsprechend weniger aufmerksam behandelt.

▶ Zu Bildern, die in lieblosen Hüllen stecken, kann man nur schwer eine innere Beziehung aufbauen. Damit ist der zweite Aspekt unmittelbar verbunden.

Hierher gehört auch die grundsätzliche Erwägung, dass die Schule in immer geringerem Maße in der Lage ist, die Lebenswirklichkeit von Kindern und Jugendlichen sowie die gesellschaftliche Wirklichkeit abzubilden. Nicht nur im Technikunterricht oder im Computerraum, der aus ökonomischen Gründen mit dem Tempo technischer Entwicklungen kaum mithalten kann, stellt sich die Frage, ob in schulischen Laborsituationen Kinder und Jugendliche mit Kenntnissen, Fähigkeiten und Einstellungen stark gemacht werden können für ihr eigenes Leben. Wie wirklichkeitstauglich kann die medial vermittelte Welt der Schule sein?

Staubige Tierpräparate, zerbröselnde Präparate, gesplitterte Zeigestöcke, um ihren Rücken beraubte Bücher, knisternde Filme und vieles andere mehr weisen im Schulalltag alle Spuren der Benutzung auf. Der in der Grundschule häufig anzutreffende Usus, dass Kinder eigene Gegenstände mitbringen und zeigen, führt in aller Regel zu einem sorgsamen Umgang mit den Objekten. Bei diesen Bemerkungen geht es nicht um ein weiteres, wenn auch berechtigtes, Lamento gegen Vandalismus an den Schulen, son-

Beispielstandards	Beobachtungsfragen	
Die Schülerinnen und Schüler können	quantitativ	qualitativ
▶ Texte für verschiedene Zwecke sachgerecht und zielorientiert nutzen (privat, öffentlich, beruflich) (Deutsch); ▶ sich eigene und fremde Verhaltensweisen und Lebensformen bewusst machen und verfügen über Offenheit gegenüber anderen Lebensweisen (Französisch); ▶ die Freiheit der Massenmedien als wertvolles Element einer Demokratie ermessen und die damit verbundene Verantwortung für die Gesellschaft erkennen (EWG, Kl. 8); ▶ mit Modellen sich selbst und andere Phänomene beschreiben, dem Verstehen zugänglich machen und in einen Kontext einordnen (Naturwissenschaftliches Arbeiten); ▶ beim eigenen Arbeiten wie auch beim Betrachten fremder Bilder Farben und Gefühle mit einander verbinden (Bildende Kunst, Kl. 6); ▶ an einem geeigneten Beispiel die Wesenszüge eines mit Hochtechnologien geführten und durch moderne Medien begleiteten Krieges erläutern (Geschichte); ▶ aktuelle Trends in der Produktion und Behandlung von Lebensmitteln erkennen, diese aus Verbrauchersicht bewerten und dieses Wissen in die eigene Lebensmittelauswahl einbeziehen (Mensch und Umwelt).	▶ In welcher Frequenz werden Medien eingegeben? ▶ Wie viel Zeit steht den Schülerinnen und Schülern für ein Medium zur Verfügung? ▶ Welchen Raum erhält das Medium selbst im Unterricht – und wie umfangreich sind Sekundärphänomene (beschaffen, austeilen, ausschneiden, einkleben …)?	▶ Sind Medien Mittel zum Zweck – oder auf Inhalt und SchülerInnen bezogene Materialien? ▶ Wird ein Text gelesen – oder entdeckt, erschlossen, bearbeitet, übertragen? ▶ Wird ein Spiel nur gespielt – oder auch reflektiert und weiterentwickelt? ▶ Wird ein Bild analysiert, eingeordnet, kategorisiert – oder bestaunt, bearbeitet, gewürdigt, angeeignet? ▶ Werden Methoden der Bildbetrachtung reflektiert? ▶ Werden die SchülerInnen an der Sichtung und Auswahl von Materialien und Medien beteiligt?

Abb. 10

dern um das äußerliche Merkmal, wie Material sich verändert, das man in erster Linie ‚benutzt'. Dabei ist selbstverständlich zu unterscheiden zwischen Ge- und Verbrauchsmaterial, also Material, aus dem etwas hergestellt oder das verarbeitet wird, und solchem, dass zu Veranschaulichung, zur Auseinandersetzung, zur Be- oder Erarbeitung gedacht ist. Für beide Formen der Arbeit an und mit Material bedarf es eines kompetenten Umgangs. Wo es sich aber ausdrücklich um Medien handelt, ist zu fragen:

▶ Gibt es *differenzierte* methodische Zugänge, die der Eigenart des Mediums gerecht werden (zu einem Gedicht anders als zu einer Betriebsanleitung, zu einer Blüte anders als zu einem Werkstoff, zu einem Sportgerät anders als zu einer Pipette)?

▶ Gibt es solche methodischen Zugänge, die die reale Welt zum Lernort machen?

▶ Gibt es Methoden, die mehr bieten als die Vermittlung von Anwendungswissen, indem sie geeignet sind, Methodenkompetenz und damit Meta-Wissen über Anwendungen zu befördern?

3.4 Vierte Perspektive: Umgang mit Lernleistungen (Diagnose und Evaluation) (s. Abb. 11)

Erweiterter
Lernbegriff

Unterricht, der auf den Erwerb von Kenntnissen, Fähigkeiten und Einstellungen zielt, also sich an Kompetenzen orientiert, benötigt einen erweiterten Blick auf Lernergebnisse und -prozesse. Transparenz der Ziele und Wege gehört zu den fundamentalen Voraussetzungen. Die Verständigung über das, was gerade geschieht, aber auch über das, was noch erreicht werden soll, was nicht gelungen ist und was variiert, verändert oder aufgegeben werden müsste, gehört zu diesem gemeinsamen Weg unabdingbar hinzu.

Bildungspolitisch zielen die Bildungsstandards ohne Zweifel auf eine umfassende Evaluation; alles andere stünde dem eingangs formulierten Anspruch von Bildungs*standards* diametral entgegen. Doch wir befinden uns im Moment immer noch im Klassenzimmer. Hier entscheidet sich,

▶ ob die Schülerinnen und Schüler wissen, welche Kompetenzen es zu erwerben gilt und welcher Lernweg sich daraus ableitet;

▶ ob die Schülerinnen und Schüler nicht nur Fakten und Inhalte, sondern das Lernen selbst erlernen und darüber reflektieren (Metakognition);

▶ ob die Schule selbst es versteht, sich als lernendes System zu reorganisieren.

Unterrichtsbeobachtung

Als Probe aufs Exempel soll das bereits angebotene Schema zur Unterrichtsnotation nun als Beobachtungsbogen modifiziert werden. In der Kopfzeile des Bogens könnte nun vermerkt werden, ob die Unterrichtsbeobachtung schwerpunktmäßig unter einer der geschilderten vier Perspektiven durchgeführt werden soll (s. **Abb. 12).**

Die Erfahrung hat gezeigt, dass für die Notation von Unterrichtsbeobachtungen strukturierte Vorgaben kaum erforderlich sind. Im Gegenteil: Die meisten, die bereits selbst Unterricht beobachtet haben, haben längst ihr eigenes Notationsschema entwickelt. Aufgezwungene Systematiken – und sei es eine veränderte Reihenfolge von Spalten oder eine Vermehrung der Spalten etwa um eine eigene Methodenspalte – lenken eher ab. Deshalb ist das in Abb. 12 angebotene Schema vor allem ein Spiegel der Unterrichtsplanung, der einen raschen Abgleich zwischen Planung und Umsetzung ermöglicht. Entscheidend im Blick auf das Kapitel IV. ist zudem, dass in dieser Notation die Funktion von Unterrichtsmethoden noch einmal deutlich und bewusst werden kann: Methoden sind niemals Selbstzweck. Sie sind Werkzeuge und Brücken, die die Erreichung eines Zieles vorbereiten, erleichtern und begünstigen sollen. Das Ziel lautet: Ausstattung von Kindern und Jugendlichen mit Kenntnissen, Fähigkeiten und Haltung. Die zugespitzte Kontrollfrage an jede methodische Entscheidung wird lauten: Welches Können wird angebahnt, aktiviert, geübt, vertieft? Die Beobachtungsperspektiven Sprache, Arbeiten, Medien und Materialien sowie Umgang mit Schülerleistungen (s. o. 3.2.1 – 3.2.4) sind fakultativ, können aber den Blick auf die Umsetzung von Bildungsstandards bzw. die Fokussierung des beobachtenden Blicks unterstützen.

Beispielstandards	Beobachtungsfragen	
Die Schülerinnen und Schüler können	**quantitativ**	**qualitativ**
▸ über ihr eigenes soziales Engagement reflektieren und es dokumentieren (Soziales Engagement). Die Beispiel-Standards zu dieser Perspektive fallen außerordentlich schmal aus. Ich mache dafür drei Gründe namhaft: 1. Leistungskontrolle bzw. der Umgang mit Schülerleistungen ist kein expliziter Gegenstand von Lehrplänen; 2. Metakognitive Lernvorgänge, um die es hier geht, haben zwar Anteile an sozialen und personalen Kompetenzen, sind aber grundsätzlich fächerübergreifend und bedürften so eines eigenen Abschnitts im Lehrplan (Baden-Württemberg: Leitgedanken zum Kompetenzerwerb) 3. Die Fragen, die durch die Einführung von Kompetenzstandards aufgeworfen werden – Stichwort: Doppelfrage, s. o.! – sind so neu, dass die bisherige Literatur diese Problemstellung noch kaum darstellen konnte (zum Folgenden vgl. Felix Winter, Leistungsmessung, 2004)	▸ In welcher Häufigkeit findet ein Austausch über Erwartungen und Leistungen statt? ▸ Ist Feedback-Kultur ein integrativer Teil der Unterrichtskultur? ▸ Erhalten die SchülerInnen Raum und Zeit, den Lernweg zu beobachten und Beobachtungen mitzuteilen? ▸ Finden Gespräche über Leistungen im Unterricht statt oder in den Pausen?	▸ Sind Rückmeldungen nur produktorientiert – oder auch prozessorientiert? ▸ Ist Lernzielkontrolle lehrer- oder schülerorientiert? ▸ Wissen die SchülerInnen, welche Kompetenzen es zu erwerben gilt und was erwartet wird? ▸ Rechnet Lernzielkontrolle mit dem Lernweg ab – oder bildet sie einen Teil des Lernwegs (didaktisch integriert)? ▸ Findet eine Eingangsdiagnose statt? ▸ Wird diagnostische Kompetenz – etwa durch den Vergleich von Selbst- und Fremdbeobachtung – auch auf Seiten der SchülerInnen eingeübt? ▸ Ist Beurteilung (ab)wertend – oder wertschätzend? ▸ Gibt es eine wechselseitige Feed-Back-Kultur?

Abb. 11

Beobachtungsbogen

Thema der Unterrichtseinheit   Fach: _____

_____

Name der Lehrkraft _____   Klasse _____   Datum _____

Kompetenzerwerb:
Die Schülerinnen und Schüler (können)

▶   _____

▶   _____

Befähigungsziel der Einzelstunde:
Die Schülerinnen und Schüler (können)

▶   _____

▶   _____

Perspektive:

☐ Sprache   ☐ Arbeiten   ☐ Medien und Materialien

☐ Umgang mit Schülerleistungen

Zeit/ Unterrichtsphase	Interaktion Lehrkraft (Methode)	Tätigkeit der SchülerInnen	Kommentar/ Varianten

Abb. 12

IV. Methoden kompetenzorientierten Lehrens und Lernens

==Methoden haben dienende Funktion==. Sie kennzeichnen und strukturieren den Unterricht maßgeblich – aber sie haben niemals Selbstzweck, auch nicht unter der Perspektive ihrer Kompetenzorientierung.

Bildungsstandards sind verbindliche Zielvorgaben für den gelingenden Unterricht, indem sie zum Ausdruck bringen, was Schülerinnen und Schüler lernen bzw. am Ende eines Standardzeitraums können. Dieses Können hat nach allem, was in bisher ausgearbeiteten Bildungsstandards enthalten ist, ein deutliches Gewicht auf Handlungswissen, das sich – nicht nur, aber dort vielleicht besonders deutlich – in Methodenkompetenz ausdrückt. Unter diesem Eindruck gilt das eingangs Gesagte: ==Methoden bestehen niemals um ihrer selbst willen==. Es wird unter dem Fokus auf Kompetenzorientierung nicht exklusive, sondern unterschiedlich gut geeignete Methoden geben.

Die hier angebotene Auswahl an Methoden will nicht durch Originalität bestechen, sondern in den reflexiven Abschnitten konsequent danach fragen, welchen Beitrag zum Erwerb welcher Kompetenz die jeweilige Methode leisten kann. In umgekehrter Blickrichtung kann man dieses abschließende Kapitel wie eine Suchhilfe lesen: Welche der mir bekannten Methoden könnten in besonderer Weise geeignet sein, wenn ich eine bestimmte Kompetenz bei den Schülerinnen und Schülern anstrebe, sie anbahnen, üben oder vertiefen will?

Die hier gebotene Auswahl an Methoden ersetzt kein Methodenhandbuch. Dieser Hinweis erfolgt nicht aus Verlegenheit, sondern will dem verbreiteten Missverständnis entgegentreten, als sei das äußere Kennzeichen kompetenzorientierten Unterrichts eine explosionsartige Zunahme an Unterrichtsmethoden (Methodenkompetenz) und ein permanenter Wechsel an Sozialformen (Personal- und Sozialkompetenz). Es wird vielmehr, und zwar streng im Duktus des bisher Ausgeführten, darum gehen, Methoden so gezielt auszuwählen, dass sie schülergerecht und sachgerecht eingesetzt werden, sprich: dem intendierten Kompetenzerwerb wirklich auch dienen.

Das Kapitel gliedert sich deshalb nach den vier Perspektiven des vorangegangenen Abschnitts und versucht, die angebotenen Methoden auf die vier Kategorien des Kompetenzerwerbs hin zu reflektieren.

1. Perspektive: Sprache

1.1 Wir schreiben einander eine SMS

Kompetenzziel: Die Schülerinnen und Schüler können wesentliche Informationen entnehmen, sie in Kurzfassung (Sprachform: short message system [sms]) nach vorgegebenen Regeln formulieren und das Ergebnis präsentieren.

Anwendungsmöglichkeiten in Auswahl:
▶ Kurzgeschichte (Novelle, Parabel, Gleichnis)
▶ Gedicht
▶ Zeitungsbericht
▶ Spielanleitung, Gebrauchsanweisung, Versuchsanordnung, Klassenregel …

Material: Papier, Schreibzeug, eine Schreibfolie pro Person (DIN A5), Overheadprojektor (OHP)

Aufgabenstellung:
1. Lest den vorliegenden Text zweimal leise für euch durch!
2. Macht euch kurze Notizen über die wesentliche Aussage des Textes!
3. Schreibt eine sms an eure Nebensitzer/innen:
   – gebraucht insgesamt höchstens 60 Zeichen (ohne Leerzeichen)
   – wer will, verwendet das eigene Handy
   – [evt. ergänzende Anweisungen:
   – erlaubt sind nur Buchstaben und gängige Satzzeichen
   – nicht erlaubt sind Zahlen, Kraftausdrücke, obszöne Formulierungen]
4. „sms senden"
   – schreibt eure sms mit einem Folienstift auf die ausgeteilten Folien
   – stellt eure sms der Klasse vor (OHP)
5. Erläutern

- übersetzt eure sms vor der Klasse; verwendet dabei nicht mehr Sätze, als eure sms enthält
- beantwortet Rückfragen

Kategorien:

I.   Kognitiver Bereich:
- Sinngehalt eines Textes erfassen
- Wesentliches von Unwesentlichem unterscheiden
- Leitgedanken erkennen

II. Sprachlich-kommunikativer Bereich:
- für eine fremde Textaussage eigene Worte finden
- eigene Formulierung kommunizieren, auf Rückfragen angemessen antworten

III. Methodisch-kreativer Bereich
- eine Gestaltungsaufgabe verstehen, Regeln anwenden
- Alltägliche Sprechgewohnheiten in einen anderen Bereich transferieren

IV. Personaler und sozialer Bereich
- Selbstverständnis klären und der Gruppe aussetzen
- auf andere hören, sich mit Fragen auf andere einstellen

Kompetenzstufen

A:	B:	C:
Schülerinnen und Schüler können ▶ eine Textaussage nach Vorgaben (SMS-Regeln) so formulieren, dass ein Bezug zur Vorlage erkennbar wird; ▶ ihre eigene Arbeit erklären.	Schülerinnen und Schüler können ▶ ihre eigene Textarbeit vor der Klasse verdeutlichen, Rückfragen aufnehmen, auf Fragen angemessen reagieren.	Schülerinnen und Schüler können ▶ ihre eigene Textarbeit kommentieren, Anregungen integrieren, Varianten formulieren.

1.2 Kugellager/Debattenspiel: Wir erzählen einander eine gehörte Geschichte bzw. führen ein Gespräch, bei dem alle zu Wort kommen

Kompetenz: Die Schülerinnen und Schüler können so miteinander sprechen, dass jede und jeder zu Wort kommt und das, was er/sie gehört hat, in konzentrierter Form wiedergeben kann.

Sprechen, verstehen, Auskunft geben

Anwendungsmöglichkeiten in Auswahl:
▶ Kurzgeschichte (Novelle, Parabel, Gleichnis)
▶ Erörterung, Diskussion, Debatte
▶ Bildbesprechung

Material: Eine Fragekarte pro Person

„Kugellager"   **Aufgabenstellung:** a. Kugellager

1. Eine Geschichte oder ein Text wird vor der Klasse zweimal vorgelesen.
2. Die Klasse wird in zwei Gruppen geteilt und bildet zwei konzentrische Kreise, bei denen sich der innere Kreis nach außen wendet und der äußere nach innen, so dass immer jeweils zwei Personen einander gegenüberstehen. Alle haben einen Stift und ihre Fragekarte bei der Hand.
3. Der innere Kreis beginnt: jede(r) erzählt seinem/ihrem Gegenüber die soeben gehörte Geschichte nach.
4. Die ZuhörerInnen stellen den ErzählerInnen jeweils paarweise die auf der Karte formulierten Fragen und notieren kurz die jeweiligen Antworten.
5. Das Kugellager dreht sich: Im inneren Kreis gehen alle um drei Positionen im Uhrzeigersinn weiter, im äußeren Kreis wandern alle gegen den Uhrzeigersinn um drei Positionen. Der Vorgang des Erzählens/Fragens/Notierens wiederholt sich von außen nach innen. Am Ende hat jede(r) einmal erzählt und einmal geantwortet.
6. Die erhaltenen Antworten werden im Plenum zusammengetragen und miteinander verglichen: Welche unterschiedlichen Akzente haben wir der Geschichte gegeben? Gibt es ,richtige' und ,falsche' Erzählungen? Spielräume der Auslegung entdecken.

Beispiel einer Fragekarte:

---

1. *Was war für dich das Wichtigste an der Geschichte, die du gerade erzählt hast?*

   Antwort: _____

   _____

2. *Wann erging es Dir ähnlich wie XY (der Hauptperson der Geschichte)?*

   Antwort: _____

   _____

3. *Welchen Eindruck hast Du von XY (derselben oder einer anderen Person aus der Geschichte)?*

   Antwort: _____

   _____

Kategorien:

I. Kognitiver Bereich:
   – eine Geschichte aufnehmen und verstehen
   – eine Geschichte unter bestimmten Blickwinkeln fokussieren
   – Schülerantworten notieren

II. Sprachlich-kommunikativer Bereich:
   – eine Geschichte in eigene Worte übertragen
   – frei wiedergeben (erzählen)
   – auf Fragen antworten

III. Methodisch-kreativer Bereich
   – Erzählregeln anwenden
   – Gesprächsregeln einhalten

IV. Personaler und sozialer Bereich
   – (aktiv) zuhören
   – andere Erzählweise akzeptieren
   – Position beziehen

Kompetenzstufen

A:	B:	C:
Schülerinnen und Schüler können ▶ eine Geschichte hören und ohne schriftliche Hilfen in den Grundzügen verständlich nacherzählen; ▶ vorgegebene Fragen im Blick auf eigene Wahrnehmung/Erzählabsicht beantworten.	Schülerinnen und Schüler können ▶ ihre eigene Erzählung so fokussieren, dass die Beantwortung der Fragen dadurch vorbereitet wird; ▶ Antworten so aufnehmen, dass ihr Sinn nicht verfälscht wird.	Schülerinnen und Schüler können ▶ ihre eigen Erzählung mit einer fremden Erzählung vergleichen; ▶ fremde Antworten auf eine fremde Erzählversion beziehen und mit eigenen Antworten vergleichen.

Variante b. Debattenspiel

1. Eine vorgegebene oder von den SchülerInnen formulierte Position wird für alle sichtbar notiert (Tafel, Wandbild, Plakat …); Beispiel: „Die Zukunft heißt: Windkraft!"

2. Die Klasse wird per Los in Befürworter(innen) und Gegner(innen) der Nutzung von Windkraft aufgeteilt.

3. Jeweils paarweise sitzen SchülerInnen einander gegenüber. Nach vorgegebenen Regeln (Rede/Gegenrede; immer nur ein Satz pro Sprecher(in); abwechselnd sprechen) beginnen die SchülerInnen die Debatte.

4. Wichtigste Regel: Bevor ein eigenes Statement ausgesprochen wird, muss das vorangegangene Statement wiederholt werden, beispielsweise nach folgender Gesprächsregel: „Du hast soeben gesagt, dass … Darauf entgegne ich …"

Debattenspiel

5. Nach einer abgesprochenen Zahl von Wortwechseln (ca. fünf) trifft sich das Plenum und tauscht Gesprächs- und Hörerfahrungen aus. Leitfragen:
   - Durfte ich meine eigene Meinung vertreten oder musste ich mich zu einer anderen Position zwingen?
   - Denke ich jetzt anders als zuvor?
   - Welches Argument hat mich überzeugt, beeindruckt, was war mir neu?
   Mögliche Ergänzung:
   - ,Probeabstimmungen' vor und nach der Debatte.
   - Selbst- und Fremdbeobachtungsbögen nach der Debatte (s. u.).

Kompetenzstufen

A:	B:	C:
Schülerinnen und Schüler können	Schülerinnen und Schüler können	Schülerinnen und Schüler können
▶ eine vorgegebene Problemstellung so erfassen, dass sie in einfachen Sätzen wenigstens ein Statement formulieren und auf eine Position antworten können; ▶ über einen Diskussionsverlauf berichten.	▶ eigene Positionen formulieren, auf eine fremde Position antworten und eine eigene daraufhin verändern; ▶ über einen Diskussionsverlauf berichten und eigene/fremde Positionen unterscheidend darstellen.	▶ eigene und fremde Positionen miteinander abgleichen; ▶ einen Diskussionsverlauf skizzieren, kommentieren und darüber reflektieren, z. B. Missverständnisse klären.

2. Perspektive: Arbeiten

2.1 Ein Rollenspiel konzipieren, durchführen und reflektieren

Rollenspiele

Kompetenz: Die Schülerinnen und Schüler können mit einer Geschichte (einer Problemstellung) kreativ arbeiten, indem sie ein Rollenspiel konzipieren, durchführen und reflektieren.

Die Idee des Rollenspiels ist alles andere als neu und gehört zum klassischen theaterpädagogischen Repertoire der unterschiedlichsten Unterrichtsfächer. Durch die Vorgabe von Kompetenzstandards für den Unterricht ändern sich aber die Rahmenbedingungen und die Perspektiven und zwar in dreifacher Weise:
- Theaterpädagogische Elemente werden von Kompetenzstandards in fast allen Fächern, wenn nicht explizit, so doch implizit, gefordert oder können jedenfalls eine wichtige Funktion übernehmen: beim freien Sprechen, beim Erklären von Spielregeln, bei der Erläuterung eines naturwissenschaftlichen Experiments oder bei der Bearbeitung einer Dilemmasituation;

▶ das Rollenspiel ist nicht Selbstzweck, sondern kann dazu dienen, im Klassenzimmer Lebenssituationen zu fingieren, für deren reale Bewältigung die Schülerinnen und Schüler mit Kompetenzen ausgestattet werden sollen: sich vorzustellen, Konfliktsituationen gewaltfrei zu lösen, Arbeitsprozesse zu reflektieren;

▶ das Rollenspiel hat nicht nur Ergebnisqualität, sondern in hohem Maße Prozessqualität. Die Konzeption und Durchführung eines Rollenspiels ist ein sehr komplexes Unterfangen, bei dem Schülerinnen und Schüler wesentliche Erfahrungen mit der Gestaltung von Lernprozessen erhalten können. Im Rollenspiel greifen kognitiver, sprachlich-kommunikativer, methodischer und sozialer bzw. personaler Bereich in besonderer Weise ineinander.

Eine **mögliche Schrittfolge** könnte folgendermaßen aussehen (Beispiel: Dilemmageschichte).

1. Die Schülerinnen und Schüler machen sich die Geschichte zu eigen. (z. B. Erzählübung im Kugellager, s. o.).
2. Die in der Geschichte agierenden Rollen werden profiliert.
3. Die Rollen erhalten Sprechtexte.
4. Eine Szene oder ein Arrangement wird entwickelt.
5. Die Rollen werden verteilt; ggf. gibt es die Funktion des Beobachters/der Beobachterin bzw. eines Regisseurs.
6. Die Rollen werden erprobt.
7. Varianten werden erwogen. (weiter bei Ziff. 2)
8. Das Rollenspiel wird aufgeführt.
9. Das Rollenspiel wird reflektiert.
10. Varianten werden entwickelt und erprobt. (weiter bei Ziff. 2 oder 3)

Kurzfassung einer Dilemmageschichte:

Bei Anja herrscht am Wochenende sturmfreie Bude. Ihre Eltern sind bis Sonntagabend verreist. Anja darf Freunde einladen, aber die Eltern wünschen, dass die Wohnung bei ihrer Rückkehr im selben Zustand ist wie bei der Abreise. Peter, Anjas älterer Bruder, soll ein Auge auf sie haben. Am Samstagabend findet das Fest, zu dem Anja ihre Clique und noch einige MitschülerInnen eingeladen hat, statt. Bei ihrer Rückkehr am Sonntagabend finden die Eltern einen Rotweinfleck auf dem Wohnzimmerteppich und stellen Anja und ihren Bruder zur Rede. Die Eltern verlangen schließlich, dass die beiden Geschwister den Verursacher herausfinden, die Reinigungskosten auf alle Anwesenden umlegen oder die Kosten selbst übernehmen. Anja hat den ganzen Abend nur Mineralwasser getrunken, Peter traut sich nicht zu sagen, dass er selbst am Samstagabend gar nicht im Haus war. Wie reagieren die beiden Geschwister?

Dilemmageschichte

Mögliche Erweiterungen:

▶ Svenja gehört nicht zur engeren Clique und war freudig überrascht, dass sie trotzdem eingeladen war. Sie kann sich an den Vorfall nicht erinnern, möchte aber ihre neue Freundschaft nicht aufs Spiel setzen.

▶ Steffen meint sich zu erinnern, dass der Fleck schon zu Beginn des Festes auf dem Teppich war.

▶ Heiko sagt, er habe den Vorfall beobachtet, aber er wolle den Namen nicht preisgeben, aber sich auch an den Kosten nicht beteiligen.

▶ Carlo findet, die Eltern von Anja haben genug Geld und der Teppich war nicht mehr neu.

Mögliche Spielszenen

▶ Eltern und Geschwister am Sonntagabend
▶ Die Clique am Montagmorgen in der Schule
▶ Anja und Peter am Montagabend mit den Eltern

Durchführung

Die Schritte 1–10 werden einzeln vorgestellt. Die Arbeitsanweisungen sind so formuliert, dass immer nur der jeweilige Schritt im Blick ist. Aus den zehn Arbeitsschritten entsteht eine ,Methodenkarte', das heißt: ein Fahrplan für die einzelnen Schritte, die die Gruppe abarbeitet. Je nachdem, wie viel Erfahrung die Klasse mit Formen der Freiarbeit hat, kann die Gruppe mehr oder weniger selbstständig arbeiten. In einer Gruppe befinden sich nicht mehr als 6–8 SchülerInnen. Andere Gruppen in der Klasse arbeiten parallel zur selben Geschichte oder zu anderen frei erfundenen Geschichten.

Weitere Anregungen für Dilemmasituationen

▶ Ein Mitschüler tut sich hervor, indem er aus ungenannten Quellen Fußballtrikots von bekannten Vereinen/Spielern zu je 5,– € verkauft. Traut sich Jürgen, so ein Trikot zu kaufen?

▶ Eine nicht besonders beliebte Mitschülerin verschenkt eine teure Eintrittskarte zu einem Konzert. Bedingung: der/die Beschenkte muss das Konzert mit der Mitschülerin gemeinsam besuchen.

▶ Die beste Freundin ist im Streit mit anderen, und sie hat offensichtlich Unrecht. Der Streit eskaliert. Petra muss sich entscheiden, ob sie zugunsten der Freundin eingreift oder zugunsten der Wahrheit.

Kompetenzbereiche

Wechselwirkung der Kompetenzen

Die Wechselbeziehung sprachlicher, aber auch methodisch-kreativer, sozialer und personaler Kompetenzen beim Rollenspiel ist unabweisbar. Aber auch kognitive Fähigkeiten spielen eine nicht unerhebliche Rolle, etwa bei der Beurteilung rechtlicher Fragen (Wer haftet für Schäden, die durch Minderjährige angerichtet werden? Muss man Rechtsverstöße anzeigen? Welche Funktion haben Schulorgane bei Schülerstreitigkeiten? usw.). Entscheidend ist, dass die Lehrkraft für sich und für die Schülerinnen und Schüler klärt – bzw. dass dies gemeinsam geschieht –, welche Perspektive auf das Rollenspiel im Vordergrund steht und ggf. in die Bewertung (Leistungsmessung) einfließen wird: der sachlich korrekte Umgang mit Fakten, die sprachliche Entfaltung, der methodische und kreative Prozess, die Konfliktfähigkeit, das Gruppenverhalten, der Abgleich zwischen eigenen und fremden Interessen. Eine Anregung für einen Diagnosebogen zur Selbst- und Fremdeinschätzung findet sich unter der 4. Perspektive: Diagnose (s. u.)

2.2 Die Schule öffnen: Sozialprojekt (Sozialpraktikum)

Ein einigermaßen grundlegender methodischer Leitfaden für die Durch- Projektarbeit
führung eines schulischen Sozialpraktikums würde eine eigene Buchver-
öffentlichung erfordern. Auch die Projektmethode als solche kann hier
nicht erschöpfend dargestellt werden. Die Frage, inwiefern ein schulisches
Projekt den theoretischen Anspruch des Projektlernens überhaupt erfüllt,
wird hier nicht diskutiert. Warum das Sozialprojekt im Zusammenhang mit
kompetenzorientiertem Lehren und Lernen an dieser Stelle auftaucht, hat
vor allem zwei Gründe:

1. Ich bin der Überzeugung, dass die Einführung von Bildungsstandards das
   Projektlernen – hier exemplarisch in Form des Sozialpraktikums – nicht
   nur fördert und stärkt, sondern geradezu fordert. Die Ausrichtung des
   Lernens an Kompetenzen, wie sie insbesondere in Baden-Württemberg
   vorliegen, begünstigt und fordert veränderte Unterrichtsformen, in denen die Schülerinnen und Schüler im wirklichen Leben und in fremden
   Lebenswelten agieren und darüber reflektieren lernen. Inwiefern das so
   ist, wird im Folgenden kurz skizziert.
2. Noch stärker als beim Rollenspiel steht beim Arbeiten in Projektform
   neben der Ergebnisqualität die Prozessqualität. Man erprobt und lernt
   im Sozialprojekt nicht nur, in fremden Lebenswelten zu handeln und
   Verantwortung zu übernehmen, sondern man lernt vor allem auch, sich
   selbst dabei zu beobachten und Prozesse zu steuern. Nichts anderes aber
   wird in zahlreichen Bildungsstandards explizit gefordert.

Ablauf

Ein Projekt ist rein äußerlich dadurch gekennzeichnet, dass es einen Anfang
und ein Ende hat; zwischen beiden vollziehen sich Lernen und Arbeiten
in vorher zu planenden Schritten und Phasen. Man wird deshalb eine Pla-
nungsphase von der Phase der Durchführung des Projekts unterscheiden,
die sich wiederum grob in Abschnitte der Vorbereitung, der Praxiserfahrung
und der Nacharbeit (Erstellung von Praxisberichten, Portfolios, Präsentation,
Evaluation, Zertifikation und ggf. Bewertung) unterteilen.

In Baden-Württemberg wurde namentlich im Bereich der Realschulen
mit dem Bildungsplan 2004 eine Form des Projektunterrichts installiert (hier:
das sog. Themenorientierte Projekt Soziales Engagement, Abk. TOP SE),
das folgenden Bedingungen zu genügen hat:

▶ das Projekt findet im Verlauf eines einzelnen Schuljahres statt;
▶ es umfasst insgesamt ca. 70 Jahresstunden, entspricht also einem zwei-
  stündigen Fach, davon entfallen circa 20 Stunden auf den Praxiseinsatz;
▶ diese Unterrichtszeit ist keine Zusatzzeit für SchülerInnen und Lehrkräfte, sondern wird in die Unterrichtszeit und damit in die jeweils sich
  beteiligenden Unterrichtsfächer integriert;

▶ dafür ist ein schuleigenes Curriculum zu erstellen, dessen Zustandekommen im Folgenden kurz skizziert wird;

▶ die SchülerInnen erstellen über ihre Praxiserfahrungen in Sozialem Engagement eine Berichtsmappe, in der sie ihre Erfahrungen dokumentieren und reflektieren, um sie schließlich zu präsentieren; dafür erhalten sie eine Verbalbeurteilung sowie eine Ziffernnote, die dem Zeugnis beigefügt wird. Die Notengebung ist verpflichtend, aber die Note ist nicht versetzungserheblich.

Konzeption eines schuleigenen Curriculums

Integrierter
Unterricht

Der entscheidende Grundgedanke des sog. Integrierten Unterrichts besteht darin, dass im Projekt nicht irgendwelche schulfremden Ziele verfolgt werden, sondern dass auch für das Projekt keine anderen als die im Bildungsplan ausgewiesenen Kompetenzen richtungsgebend sind. Projektunterricht ist kompetenzorientierter Unterricht im Sinne des Bildungsplans in Projektform. Dafür gilt es, aus den Standards der jeweils beteiligten Fächer ein eigenes Curriculum zu entwerfen. Wie das gehen kann, soll folgende Übersicht verdeutlichen.

Kompetenzstandards aus dem TOP SE (in Auswahl):

Schuleigenes
Curriculum
erstellen

Die Schülerinnen und Schüler können

▶ eigene soziale Fähigkeiten erkennen und für andere einsetzen;

▶ ihre Klassen- und Schulgemeinschaft als soziales Gefüge begreifen und lernen förderliche Einwirkungs- und Gestaltungsmöglichkeiten für die Gemeinschaft kennen und einzusetzen;

▶ Konflikte partnerschaftlich lösen;

▶ soziale Einrichtungen erkunden und darstellen (Lerngang, Exkursion);

▶ für andere verlässlich Verantwortung im ehrenamtlichen Bereich (in der Schule, in Vereinen, in Kirchen und als (Junior-) Mentorinnen) übernehmen;

▶ zu sozialem Engagement einen eigenen Standpunkt einnehmen und darüber reflektieren.

Diese Kompetenzen sind nun mit den Standards anderer, ‚regulärer‘ Fächer zu assoziieren. Dazu eingeladen sind prinzipiell alle Fächer; Anschlussmöglichkeiten liegen fast überall vor. Die folgende Übersicht in Auswahl soll das verdeutlichen (s. **Abb. 13** und **14**).

Die Grundidee besteht darin, dass Kompetenzen, die von den beteiligten Fächern ‚ohnehin‘ zu erwerben sind, unter Bezugnahme auf die Praxiserfahrung – im Sinne der Vor- oder der Nachbereitung – sehr viel besser angestrebt werden können als in Form einer ‚Trockenübung‘ im Klassenzimmer. Man denke nur etwa an die Fähigkeit, sich selbst vorzustellen (Deutsch), die eigene Person und deren Stellung im sozialen Gefüge bildnerisch darzustellen (Bildende Kunst) oder institutionalisierte und andere Formen des Zusammenlebens zu beschreiben (Ethik).

ev. Religion	kath. Religion	Ethik
Schülerinnen und Schüler	Schülerinnen und Schüler	Schülerinnen und Schüler können
▶ kennen christliche Normen für das Handeln der Menschen (zum Beispiel …) und können sie auf Alltagssituationen beziehen ▶ sind in der Lage, gemeinsam mit anderen hilfreiche Regeln zu entwickeln und durch ihr Verhalten gemeinschaftliches Leben in ihrem Umfeld zu fördern ▶ können Kontakte zu Menschen in ausgewählten sozial-diakonischen Bereichen herstellen und über Erfahrungen berichten ▶ sind in der Lage, Konsequenzen aus Jesu Umgang mit den Menschen im Blick auf gegenwärtige Lebenssituationen zu formulieren ▶ können die Vielgestaltigkeit der evangelischen Kirche als Institution an Beispielen darstellen ▶ kennen Beispiele aus der diakonischen Arbeit der Kirche und deren Begründung	▶ sind in der Lage qualifizierte Hilfe anzunehmen und zu vermitteln (…) ▶ können Ungerechtigkeit wahrnehmen und sich für Gerechtigkeit einsetzen ▶ sind bereit, sich für sozial Schwache und Unterdrückte einzusetzen und für eine „Kultur der Barmherzigkeit" einzutreten ▶ sind bereit, sich mit den ethischen Weisungen der Bibel auseinander zu setzen ▶ kennen Lebensgeschichten von Menschen, die Jesus Christus nachfolgen und anderen in ihren Nöten beistehen ▶ wissen, dass die Diakonia als Grunddienst der Kirche Not leidenden Menschen die Gegenwart Jesu Christi vermittelt ▶ können caritative Einrichtungen am Ort erkunden ▶ sind bereit, sich in die Lebenssituation von Menschen, die Hilfe brauchen, einzufühlen und sich persönlich zu engagieren	▶ die natürliche und soziale Bedürftigkeit und die Abhängigkeit des Menschen von Natur, Geschichte und Gesellschaft nachvollziehen ▶ sich über den Alterungsprozess und die Lebenssituation älterer Menschen informieren ▶ erkennen, dass Sterben und Tod zur Lebenswirklichkeit der Menschen gehören ▶ institutionalisierte und andere Formen des Zusammenlebens beschreiben Außerdem entwickeln die Schülerinnen und Schüler Einfühlungsvermögen, Hilfsbereitschaft und soziales Engagement.

Abb. 13

Dokumentation, Präsentation und Bewertung

„Die Schülerinnen und Schüler dokumentieren den gesamten Prozess in einer Projektmappe", heißt es im Bildungsplan Baden-Württemberg lapidar. Bewertet werden auch im Projektunterricht nichts anderes als die erworbenen Kompetenzen des Bildungsplans. An dieser Stelle wird noch einmal deutlich, wie wichtig eine Verständigung über den Sinngehalt der betreffenden Kompetenzen ist (Stichwort: Doppelfrage). Bewertet und benotet werden nicht Einstellungen und Haltungen („Freundlichkeit", „Pünktlichkeit", „Engagement"), sondern die Fähigkeit der Wahrnehmung von

Deutsch	EWG	Musik	Bildende Kunst
Die Schülerinnen und Schüler können ▶ sich sachlich und sprachlich angemessen mit Argumenten anderer auseinandersetzen ▶ gezielt Fragen zu Gehörtem stellen ▶ sich selbst vorstellen ▶ eigene Gedanken, Wünsche und Meinungen deutlich und verständlich artikulieren ▶ Informationen zusammenfassen und an andere weitergeben (…) ▶ Kurzreferate frei vortragen ▶ sich ein Schreibziel setzen ▶ adressaten- und situationsbezogen schreiben (berichten, beschreiben, argumentieren) ▶ Informationen auswerten	Die Schülerinnen und Schüler können ▶ Medien kritisch hinterfragen, gesellschaftlich einordnen und deren Wirkung reflektieren ▶ Medien zur Gewinnung aktueller Informationen situationsangemessen nutzen ▶ Informationen aus Lerngängen und Projektergebnisse sachbezogen präsentieren	Die Schülerinnen und Schüler können ▶ Lieder und Songs aus verschiedenen Themenbereichen und Kulturen richtig singen ▶ ihre Lieder begleiten und gestalten ▶ mehrstimmig singen und musizieren ▶ eine Tanzbeschreibung in rhythmisch präzise Bewegungen zur Musik umsetzen	Die Schülerinnen und Schüler können ▶ die eigene Person und deren Stellung im sozialen Gefüge bildnerisch darstellen ▶ innere Einstellungen und Überzeugungen bildnerisch ausdrücken ▶ alltägliche Gegenstände, Erinnerungsstücke, Bilder und Artefakte zusammentragen, bearbeiten und präsentieren ▶ druckgrafische und aleatorische Verfahrensweisen experimentell einsetzen ▶ konventionelle oder digitale Fotografie einsetzen ▶ ihr Repertoire der grafischen Mittel erweitern und diese auf ihre Wirkung untersuchen

Abb. 14

Kompetenzen bewerten: Lerntagebuch

Menschen, Gruppen und Prozessen; die Dokumentation von Erfahrungen und ihre Verarbeitung, kurz: die Fähigkeit zur Reflexion.

Ein hilfreiches Mittel hierfür kann ein **Lerntagebuch** darstellen, das etwa nach folgendem Vorschlag gestaltet sein könnte (s. **Abb. 15**)

Vorschlag für ein Lerntagebuch

Projekt: Datum _____

_____

1. Was wir uns für heute vorgenommen hatten:

_____

_____

2. Was uns dabei besonders interessiert hat:

_____

_____

3. Was uns dabei besonders aufgefallen ist:

_____

_____

4. Was uns dabei gelungen ist:

_____

_____

5. Was wir in Zukunft anders machen wollen:

_____

_____

_____

_____

Abb. 15

Die Erfahrung mit diesem Formular zeigt, dass für Schülerinnen und Schüler im Alter von 14 oder 15 Jahren mitnichten eindeutig klar ist, nach welchen Erfahrungen in einem solchen Lerntagebuch gefragt wird und nach welchen nicht.

Die Frage, was Jugendliche können, wenn sie über die Fähigkeit zur Reflexion verfügen, führt unter Umständen zu folgenden Schritten:

A:	B:	C:
Schülerinnen und Schüler können ▸ über Erlebnisse so berichten, dass ihr eigener Anteil daran erkennbar wird. („Am ersten Tag im Seniorenheim mussten wir alten Menschen Essen geben; ich habe das schmutzige Geschirr zurückgebracht und beim Essen neben einem alten Mann gesessen.")	Schülerinnen und Schüler können ▸ über Erlebnisse so berichten, dass die dabei gemachte Erfahrung deutlich wird. (reflexives Element) („Als wir gestern den alten Menschen Essen gegeben haben, musste ich mich erst überwinden, weil der alte Mann manchmal gekleckert hat.")	Schülerinnen und Schüler können ▸ eigene Erfahrungen im Sozialen Engagement zu fremden Erfahrungen oder Rahmenbedingungen in ein Verhältnis setzen. („Seit ich alten Menschen zum ersten Mal Essen geben musste und dabei meinen Ekel überwinden musste, weiß ich erst, wie schwierig es ist, diesen Beruf jeden Tag auszuüben.")

Die Kommunikation über erwartete Kompetenzstufen ist zusätzlich zu allem bisher Gesagten im Projekt deshalb von so großer Bedeutung, weil auch über die Fächer hinweg Konsens darüber bestehen muss, was eine gelungene Dokumentation, Reflexion und Präsentation darstellt.

3. Perspektive: Medien und Materialien

3.1 Kreative Textarbeit

Texte rezipieren und selbst erstellen

An methodischen Anregungen zum Umgang mit Texten herrscht kein Mangel. Die folgenden drei Methoden sind unter zwei Gesichtspunkten ausgewählt. Zum einen handelt es sich um Methoden, die versuchen, literarische oder gebundene Texte (Gedicht, Psalm, Meditation) in ihrer ästhetischen Qualität wahr zu nehmen. Zum anderen sind die Methoden geeignet, zur eigenen Textproduktion von Schülerinnen und Schüler überzuleiten.

Die Einführung literarischer, poetischer oder religiöser Texte kann zu einem sensiblen Unterfangen werden, wenn diese Texte der Lehrkraft – paradoxerweise auch in einem säkularen Sinne – ‚heilig' sind. Auch die

Schülerinnen und Schüler sind leicht zu verunsichern, wenn es darum geht, eine solche Vorlage in irgendeiner Weise ‚umzuarbeiten'. Mit folgenden Methoden habe ich gute Erfahrungen gemacht:

a. Einen Text verdoppeln (s. Abb. 16)

Textvorlage: Unaufhaltsam (Hilde Domin)

Das Gedicht wurde bereits in kleine Sequenzen aufgeteilt.

Die **Vorgehensweise** ist Folgende:

1. Das Gedicht als Ganzes wird mehrmals laut gelesen (mindestens zweimal).
2. Die Schülerinnen und Schüler formulieren erste Assoziationen, ggf. unterstützt durch vorgeschlagene Satzanfänge („Ich höre vor allem …"; „Ich spüre …"; „Ich verstehe …").
3. Das Gedicht wird auf Fotokarton kopiert und in die einzelnen Abschnitte zerschnitten. Die Abschnitte werden in der Klasse so verteilt, dass jeder und jede mindestens einen Textabschnitt erhält.
4. Die Aufgabe lautet: „Lies deinen Textabschnitt zweimal leise für dich durch. Drehe dann die Karte um und schreibe einen Einfall, eine Idee, eine Umschreibung auf!
   Gebrauche dafür
   – einen kurzen Satz
   – eine Frage oder auch nur
   – ein Wort."
5. Mithilfe der Ziffern auf jeder Textkarte lässt sich die ursprüngliche Reihenfolge leicht wieder herstellen.
6. Für die Darbietung sind mehrere Möglichkeiten denkbar:
   – Auf einem Plakat steht das Gedicht in der ursprünglichen Form. Die Schülerinnen und Schüler versammeln sich um das Plakat und stellen sich in der Reihenfolge ihrer Textbausteine auf.
   – Jeder liest der Reihenfolge nach zuerst den Originaltext, sodann seine Assoziation.
   – Der Text wird mit verteilten Rollen gelesen.
   – Der Text wird als Ganzer einmal im Original, das andere Mal mit den Formulierungen der Schülerinnen und Schüler vorgelesen.

Bei allen durchgeführten Versuchen ist es noch niemals vorgekommen, dass jemand nichts schreiben konnte. Das gemeinsame Vorlesen erzeugte jedes Mal eine ausgesprochen dichte Atmosphäre. Dabei spielt es keine Rolle, ob auf der Rückseite des Textabschnitts Nr. 4: „werden die Blätter gelb, fällt Schnee." etwa steht: „Manche Blätter werden braun", „So viel Abschiedsschmerz?" oder schlicht „Jahreszeiten".

Wichtig ist, die Jugendlichen beispielsweise aufmerksam zu machen auf den Gemeinschaftscharakter, auf die ästhetische Wirkung ihrer Produkte und die Vieldeutigkeit, die sie selbst – ohne es zu beabsichtigen – erzeugt haben. Diesen Vorgang selbst einer Bewertung zu unterziehen, halte ich nicht für ratsam bzw. für möglich. Dasselbe gilt für den nächsten Vorschlag:

Text „verdoppeln"

Einen Text verdoppeln

Das eigene Wort, wer holt es zurück,	1
das lebendige eben noch unausgesprochene Wort?	2
Wo das Wort vorbeifliegt verdorren die Gräser,	3
werden die Blätter gelb, fällt Schnee.	4
Ein Vogel käme dir wieder. Nicht dein Wort, das eben noch ungesagte, in deinem Mund.	5
Du schickst andere Worte hintendrein,	6
Worte mit bunten, weichen Federn.	7
Das Wort ist schneller, das schwarze Wort.	8
Es kommt immer an, es hört nicht auf, anzukommen.	9
Besser ein Messer als ein Wort.	10
Ein Messer kann stumpf sein.	11
Ein Messer trifft oft am Herzen vorbei.	12
Nicht das Wort. Am Ende das Wort	13
immer am Ende das Wort.	14

Abb. 16

b. Einen Text auslegen und vertonen

Dasselbe Textbeispiel (Unaufhaltsam, Hilde Domin) könnte auch in folgender Weise bearbeitet werden:

Text „vertonen"

Vorbereitung

Eine gestaltete Mitte auf dem Boden des Klassenzimmers in Form einer angedeuteten Spirale etwa in der Form der Ziffer 6; ein faustgroßer Klumpen Ton pro Schüler; Papierbögen (DIN A4) in der Anzahl der Schülerinnen und Schüler, die außen entlang der Spirale ebenfalls auf dem Boden liegen; auf dem innersten Blatt deutet ein gut sichtbarer Pfeil die Bewegung von innen nach außen an. Gegebenenfalls Hintergrundmusik. Die Gruppengröße sollte nicht geringer als etwa zwölf sein, nach oben gibt es keine Grenze.

Durchführung

Die Gruppe versammelt sich im Kreis um die am Boden ausgebreitete Spirale. Der Text (das Gedicht) wird von der Lehrkraft einmal langsam vorgelesen.

Kreative Phase

Arbeitsanweisung

1. Phase

Formulierungsvorschlag:

> Ihr bekommt nun einen Klumpen Ton. Beginnt, ihn in den Händen zu kneten, damit er langsam warm wird. Ich lese euch das Gedicht noch einmal langsam vor. Hört bitte genau zu und achtet beim Zuhören darauf, an welcher Stelle ihr in Gedanken hängen bleibt. Nehmt diesen Gedanken anschließend mit an euren Platz und formt aus dem Ton ein Kunstwerk, das mit eurem Gedanken zu tun hat. Ich lasse solange Musik laufen. Ihr braucht nur wenige Minuten Zeit. Wenn die Musik endet, kommt ihr mit eurem Kunstwerk zurück an den Kreis. Wir sprechen in dieser Zeit kein Wort, jeder ist mit sich beschäftigt. Jeder und jede von euch wird etwas hinbekommen.

2. Phase

(Die Schülerinnen und Schüler stehen wieder um die Spirale.)

Formulierungsvorschlag:

> Ich lese nun das Gedicht noch einmal langsam vor, aber diesmal noch langsamer. Wenn ich an der Stelle angelangt bin, an der ihr hängen geblieben seid, kommt ihr zur Mitte und legt euer Kunstwerk auf die ausgelegten Papierbögen. Der oder die Erste beginnt mit dem Pfeil, alle anderen schließen sich an, wenn es Zeit ist. Ich verspreche euch: Wir werden sofort verstehen, was das Kunstwerk darstellt.

Der Text wird nun von der Lehrkraft noch einmal gelesen. Immer wieder bewegen sich einzelne zur Mitte. Es spielt keine Rolle, wenn Pausen entstehen oder wenn mehrere Schüler gleichzeitig zur Mitte gehen. Erst, wenn die Betreffenden wieder im Kreis stehen, wird dort, wo unterbrochen wurde, weitergelesen. Am Ende des Gedichtes müssten alle Schülerinnen und Schüler ihr Objekt abgelegt haben. Abschließend wird das Gedicht ein letztes Mal verlesen. Die Augen wandern ‚verstehend' von Objekt zu Objekt.

Präsentation

Hinweise zum Umgang mit den Objekten

Nach meinem Verständnis ist es weder sinnvoll noch hilfreich, die entstandenen Objekte in irgendeiner Weise zu ‚besprechen‘ oder zu kommentieren. Vor allem die Rückfrage, was das Objekt darstellen solle, sollte tabu sein. In einer Schlussrunde könnten folgende Hinweise untergebracht werden:

▶ die Einzigartigkeit dieser Auslegung, zu der erst die Gruppe als Ganze, aber darin jeder und jede einzelne beigetragen hat;

▶ die Offenheit der Auslegung im doppelten Sinne: der Text wird ‚geerdet‘, er liegt jetzt vor aller Augen, die Spirale ist offen, das Ergebnis war nicht absehbar.

Auch diese Arbeit ist einer Benotung nicht zugänglich – wohl aber verschiedene Formen der Verarbeitung dieses kreativen Prozesses.

Weiterarbeit **Weiterarbeit**

Die Schülerinnen und Schüler

▶ beschreiben das entstandene Bodenbild

▶ schreiben zu den Objekten eine Verlaufsgeschichte

▶ beschreiben Eindrücke, die bei dem Prozess und durch das Ergebnis entstanden sind.

c. Elfchen

„Elfchen“ Ein weiterer Schritt zur eigenen literarischen Tätigkeit, der nicht selbst zu bewertbaren Ergebnissen führt, aber solche vorbereiten kann, besteht in der Formulierung so genannter Elfchen. Er kommt ohne eine direkte literarische Vorlage aus.

Impuls

Tafelanschrieb: „Worte können verletzen“ oder „Ostermorgen“ oder „Gerechtigkeit“ u. v. a. m. Der Impuls könnte auch in einem Bild bestehen, einer Situationsschilderung über einen aktuellen Konflikt o. Ä.

In einem Blitzlicht werden in freier Assoziation ca. fünf Begriffe gesucht, die zum Impuls passen. Diese Begriffe werden ebenfalls an die Tafel geschrieben. Alle Schülerinnen und Schüler erhalten eine Vorlage auf Papier, die etwa folgenden Aufbau hat:

„Gerechtigkeit“

_____

_____ _____ _____

_____ _____ _____ _____

_____ _____

_____

Aufgabenstellung

Formuliert eure Gedanken (zum Thema Gerechtigkeit), indem ihr auf jeden der elf Striche ein Wort schreibt. Verwendet dabei alle Wörter, die an der Tafel stehen. Prüft, wie sich die Worte im Zusammenhang lesen. Benutzt einen Bleistift, damit ihr korrigieren könnt.

Die Texte bleiben anonym. Sie können im Klassenzimmer aufgehängt werden. Es entsteht eine Gedicht-Ausstellung, die nun von allen besucht werden kann. Die Ergebnisse werden nicht benotet.

Weiterarbeit: Eigene literarische Tätigkeit

Im Anschluss an vorbereitende Schritte, wie den unter a–c geschilderten, kann folgende Aufgabe gestellt werden:

Weiterarbeit

1. Denke dir einen Menschen, der unter einem großen Gefühlseindruck steht (Angst, Freude, Trauer, Sorge, Vorfreude auf etwas, Ratlosigkeit, Verliebtheit usw.) und beschreibe in zwei Sätzen diesen Menschen und sein Gefühl!
2. Verfasse für diesen Menschen ein Gedicht, in dem er selbst über sich nachdenkt!

Je nach Unterrichtsverlauf, Thema und Intention könnte es sein, dass bereits dieser Arbeitsschritt einer Leistungsbewertung zugänglich ist.

Andere Möglichkeiten der Weiterarbeit könnten sein:

► jeder erhält ein Gedicht (oder ein „Elfchen"), das nicht von ihm selbst stammt;
► jeder verfasst einen Kommentar zu dem fremden Text;
► ergänzend bzw. alternativ: eine bildliche Darstellung, farbliche Gestaltung der (zuvor kopierten) Texte; Verfassen einer Überschrift; ein „Antwortgedicht", ein Text in der entgegengesetzten Stimmung bzw. Gefühlslage.

Kompetenzerwerb

I. Kognitiver Bereich
   ► die Fähigkeit, auch eine diffizile bzw. differenzierte Aufgabenstellung zu erfassen
   ► Reflexion eines Gefühlseindrucks
   ► Textverständnis: einen fremden Text sinnentnehmend rezipieren

II. Sprachlich-kommunikativer Bereich
   ► Gebrauch einer angemessenen Sprache
   ► Wortwahl, Anschaulichkeit, Wortschatz
   ► Unterscheidung zwischen Sprachebene der Textproduktion und des Kommentars

III. Methodisch-kreativer Bereich
   ► Einhaltung und Anwendung von Regeln
   ► Selbstständigkeit, Transfer

IV. Personaler und Sozialer Bereich

► die Fähigkeit zur Einnahme einer Perspektive bzw. zum Perspektivenwechsel (bei der Produktion sowie bei der Kommentierung)
► Kommunikation über einen nicht selbst formulierten Text
► Konfliktfähigkeit
► Beherrschung von Kommunikationsregeln

Referat und
Recherche
in Medien

3.2 Erstellung eines Referats: (Internet-)Recherche

Das Internet hält bekanntlich einen stetig wachsenden und von niemandem mehr zu überschauenden Bestand an Informationen, aber auch Kommentierungen, Einschätzungen und immer wieder veraltenden Inhalten bereit. Im Blick auf den schulischen Gebrauch ist von wachsender Bedeutung, dass unterschiedlichste Anbieter Schneisen in diese Landschaft schlagen, indem sie immer mehr ‚fertige‘ Zusammenstellungen von unterschiedlichem Gehalt in Form von Hausarbeiten, Referaten, Lexikonartikeln usw. ins Netz stellen. Dadurch wird der unterrichtliche Umgang mit dem Internet nicht nur erleichtert. In zunehmendem Maße wird es üblich, Referate, die erkennbar Vorgefertigtes aus dem Netz anbieten, schlecht bis hin zur Note ungenügend zu bewerten. Dies bedeutet, dass Schülerinnen und Schüler im doppelten Sinne kritisch mit dem Internet umgehen lernen müssen: Sie müssen nicht nur lernen, wo und wie sie Informationen finden – und dabei Richtiges von Unkorrektem, Wesentliches von Unwesentlichem, Aktuelles von Veraltetem unterscheiden –, sondern auch, wie sie Recherchiertes so bearbeiten, dass es ihr Eigenes wird.

Ein wesentlicher Unterschied zwischen dem Internet und allen weiteren Medien, die zur Recherche herangezogen werden können – zu nennen sind vor allem Printmedien sowie audiovisuelle Medien –, besteht in der universellen Zugänglichkeit und Verfügbarkeit des Netzes; es ist kein Ort denkbar, an dem ein netzfähiger Computer nicht den Zugang zu denselben Sites herstellen könnte wie andernorts. Printmedien hingegen – Zeitungen, (Fach-)Zeitschriften, Ausstellungskataloge, Journale, Bücher usw. – sowie audiovisuelle Medien vom Film bis zur Diareihe und zur Rundfunkreportage – stehen nicht jedem an jedem Ort in gleicher Weise zur Verfügung. Im Blick auf Letztere spielt methodisch schlicht schon die Aufgabenstellung eine erhebliche Rolle.

Das bedeutet, dass man beim kompetenzorientierten Umgang mit Medien zur Recherche nicht alle Medien über einen Kamm scheren kann; für die Aufgabe allein aus Tageszeitungen ein Referat zu speisen, sind andere, womöglich umfangreichere, Kompetenzen erforderlich, als für die Recherche im Internet. Beides kann hier nicht umfassend erörtert werden. Es kann wiederum nur um die Verknüpfung von Grundfragen der Medienrecherche bzw. des kritischen Umgangs mit Medien einerseits und dem kompetenzorientierten Lehren und Lernen andererseits gehen. Es werden deshalb einige Schritte angedeutet, die zu einer ‚Methodenkarte‘ überleiten und mit der Perspektive auf zu erwerbende Kompetenzen verknüpft werden.

Aufgabenstellung, Themenfindung

Die Recherche beginnt mit der Verständigung über den eigentlichen Gegenstand des Interesses. Es entscheidet sich gleich zu Beginn:

▶ Wie lautet die Themenstellung und wer formuliert das Thema?
▶ Handelt es sich um
 – eine geschlossene Frage, z. B. die aktuellste Fassung des Grundgesetzes der Bundesrepublik Deutschland oder die Liste der zum Weltkulturerbe zählenden Bauwerke in Deutschland,
 – eine halb-offene Themenstellung, z. B. die Geschichte des Deutschen Hiphop oder die aktuelle Diskussion um pränatale Diagnostik,
 – eine offene Fragestellung, z. B. den Niederschlag des Terrorangriffs auf das World-Trade-Center am 11. September 2001 im Internet?
▶ Wird nach einem Begriff gesucht: Wie lauten verwandte Begriffe, gibt es Gegenbegriffe, wie weit darf der Begriff verändert werden?
▶ Wie sieht der eigene Zugang zum Thema aus?

Wahl des geeigneten Mediums

Nicht für jedes Thema ist jedes Medium in gleicher Weise geeignet.
▶ Wird das Medium frei gewählt oder eingegrenzt bzw. vorgegeben?
▶ Wie unterscheiden sich die Medien (Fachzeitschrift/Publikumszeitschrift; Tageszeitung/Wochenzeitung; regionale/überregionale Zeitung; Lexikon, Nachschlagewerk, Dokumentarfilm, Spielfilm, Kurzfilm usw.)?

Gewinnung und Auswertung von Informationen

▶ Exzerpieren/zitieren aus Informationsquellen
▶ Unterscheidung zwischen Wesentlichem und Unwesentlichem, zeitliche Einordnung, Wahrheitsgehalt, Überprüfung von Informationen
▶ In welche schriftliche und sprachliche Form müssen die gefundenen Informationen gebracht werden?
▶ Welcher Aufbau, Umfang, Gliederung ist sachgemäß?
▶ Welche Bilder, Grafiken, Tabellen können oder müssen übernommen werden, was kann man in Worte fassen und wie geht das?
▶ Wie unterscheiden sich Darstellung und Kommentierung, wo hat die eigene Meinung ihren Ort und welchen Stellenwert hat sie?

Diese Liste von Fragen kann kaum erschöpfend sein. Sie kann aber eine Anregung sein, um daraus beispielsweise Schritt für Schritt eine ‚Methodenkarte' für die Schülerhand zu erstellen, an der entlang die Schülerinnen und Schüler auch fächerübergreifend Recherchen für Referate oder Hausarbeiten anstellen können. Dass dabei wiederum sämtliche Kompetenzbereiche in ihrem Wechselspiel im Blick sind, liegt auf der Hand.

Um einige in Auswahl zu nennen:
I. Kognitiver Bereich:
 ▶ Begriffsklärung, Verständnis der Themenstellung
 ▶ die Fähigkeit, ein Thema so zu modifizieren, dass eine Recherche Erfolg verspricht

- ▶ Kritische Hermeneutik (Fähigkeit zur Unterscheidung, die dem Verstehen dient, s. o.)
II. Sprachlich-kommunikativer Bereich
  - ▶ die Fähigkeit, zwischen unterschiedlichen Sprachspielen zu wechseln
  - ▶ die Fähigkeit, fremde Formulierungen in eigene Worte zu fassen
  - ▶ das, was man selbst verstanden hat, anderen erklären können
III. Methodisch-kreativer Bereich
  - ▶ Zielgerichtetes Arbeiten, begründet auswählen können zwischen unterschiedlichen Medien und Arbeitsformen
  - ▶ Umformung von unterschiedlichen Darstellungsweisen
  - ▶ Umgang mit der Methodenkarte „Recherche"
    Handelt es sich bei der Recherche um eine Partner- oder Gruppenarbeit, so sind Kompetenzen im Spiel aus dem
IV. Personaler und sozialer Bereich
  - ▶ Abgrenzung eigener und fremder Anteile
  - ▶ Abstimmungsprozesse, Fragen des gleichberechtigten Zugangs zu Informationen
  - ▶ Teamfähigkeit, sich auf fremde Anteile einstellen, sie integrieren können.

4.　Perspektive: Diagnose, Umgang mit Schülerleistungen

Die Frage nach der Qualität kompetenzorientierten Lehrens und Lernens lässt sich vereinfacht, aber nicht verkürzend, auf folgenden Nenner bringen: In welchem Maße wurden und werden die Schülerinnen und Schüler ausgestattete mit Kenntnissen, Fähigkeiten und Einstellungen – in welchem Maße wurde und wird Befähigung erzielt?

Je nach der Perspektive auf das Ergebnis bzw. auf Prozesse sowie je nach der Perspektive der unterschiedlichen Beteiligten am Lernprozess kann man kompetenzorientierte Methoden im Umgang mit Schülerleistungen folgendermaßen gruppieren und unterscheiden. Die Basis für alle methodischen Vorschläge besteht in der Beantwortung der Doppelfrage:

Doppelfrage

1. Was können Schülerinnen und Schüler, wenn sie über diese betreffende Kompetenz verfügen?
2. Was können sie, wenn sie über die Kompetenz ausreichend, durchschnittlich, gut oder exzellent verfügen?

4.1 Die zu erwerbenden Kompetenzen kennen – den eigenen Lernweg mit verantworten

Eingangsevaluation/Schlussevaluation

Vorbereitung:
1. Die Lehrkraft hat bei der Planung einer Unterrichtseinheit bestimmte Kompetenzen mit einem Thema verknüpft (Beispiel: UE Märchen im Fach Deutsch, s. o.)
2. Die Lehrkraft hat für sich die Frage beantwortet, worin die Befähigungsziele dieser UE bestehen (Doppelfrage (1)) und daraus Formulierungen abgeleitet, die von den Schülerinnen und Schülern verstanden werden können. Daraus ist folgender Bogen entstanden:

Den eigenen Lernweg reflektieren

Arbeitsformen:
1. Dieser Bogen wird zu Beginn der UE an alle Schülerinnen und Schüler ausgeteilt. Der Bogen ist anonym und bleibt zunächst bei den Schülerinnen und Schülern. Jeder und jede ist aufgefordert, diese Sätze für sich jeweils mit einem Kreuz zu beantworten.

Metaunterricht

2. Ein erster Gesprächsanlass könnte dann entstehen, wenn Einzelne in den unteren Zeilen eigenständig Ergänzungen vornehmen. Im Unterschied zum herkömmlichen Gespräch über ‚Wunschthemen' werden die Schülerinnen und Schüler genötigt zu formulieren, was sie selbst lernen bzw. können wollen. Gegebenenfalls verändert sich dadurch der Zuschnitt und der Ablauf der UE. Es kann aber auch bereits jetzt zu einem Austausch darüber kommen, was man denn genau können muss, wenn man das kann, und wie gut man das können muss (Was heißt frei erzählen? Wie umfangreich muss ein Stichwortzettel sein?). Unklarheiten, zum Beispiel begrifflicher Art (Was ist überhaupt eine Legende?) sollten sich in der rechten Spalte niederschlagen.
3. Gelingt es, dass die Schülerinnen und Schüler ihre eigenen Bögen verschlüsseln (Fantasienamen, Märchengestalten o. Ä.), könnten die Bögen auch eingesammelt und ausgewertet werden.
4. In der Mitte der UE wird derselbe Bogen noch einmal vorgenommen. Mit einer anderen Farbe werden abermals die ersten fünf Sätze individuell beantwortet, ggf. auch die selbst formulierten Sätze. Das Gespräch darüber, bei wem sich etwas verändert hat – und in welcher Richtung! – ergibt sich erfahrungsgemäß ‚von selbst'. Es ist aber auch denkbar, dass Einzelne gar nicht wahrgenommen haben, dass eine der Kompetenzen überhaupt berührt wurde. Einzelne werden signalisieren, dass sie sich unter dem einen oder anderen Satz etwas anderes vorgestellt hatten oder zum Ausdruck bringen, dass sie zunächst der Meinung waren, sie ‚könnten' das, nun aber zur Einsicht gekommen sind, dass es viel schwieriger ist als zunächst angenommen.
5. Am Ende der UE wird der Bogen ein drittes Mal hervorgeholt und wiederum mit einer anderen Farbe bearbeitet. Je kontinuierlicher die

Bogen für Schüler zur Selbsteinschätzung

Wir beschäftigen uns im Deutschunterricht nun schwerpunktmäßig mit Märchen. Dieses Thema ist mir nicht ganz neu. Ich glaube, ich kann bereits ...	kann ich	bin ich mir unsicher	kann ich (noch) nicht	Da habe ich noch Fragen ...
► einer Märchenerzählung so aufmerksam zuhören, dass ich das Märchen anschließend mit eigenen Worten nacherzählen kann;				
► bei einer Geschichte herausfinden, ob es ein Märchen ist oder eine Fabel, eine Sage oder eine Legende, und meine Entscheidung begründen;				
► ein mir unbekanntes Märchen durchlesen und den Inhalt selbst auf Stichwortzettel aufschreiben				
► mithilfe meiner eigenen Stichwortzettel ein Märchen frei erzählen;				
► selber eine Geschichte erfinden, die wie ein Märchen klingt;				

Darüber hinaus kann ich ...
►

Außerdem könnte ich gern ...
►

Abb. 17

104

Kommunikation über die anzustrebenden Kompetenzen war, desto einvernehmlicher wird die Leistungsmessung erfolgen. Im Idealfall können die Schülerinnen und Schüler nun selbst einschätzen, ob ihre freie Erzählung ‚gut' war bzw. wo eigene Stärken und Schwächen liegen.

4.2. Wir beobachten uns beim Arbeiten

Diagnostische Rückmeldungen über Lernprozesse

Ziemlich verbreitet ist inzwischen die Praxis, dass etwa bei Prozessen der Gruppenarbeit die Gruppenmitglieder sich gegenseitig ‚benoten'. Nicht selten scheitert diese Idee, wenn die Lehrkraft feststellt, dass in einer Gruppe sämtliche Mitglieder einander die Bestnote erteilt haben. Dahinter verbirgt sich die häufig berechtigte Unterstellung, die Mitglieder hätten, um einander nicht zu nahe zu treten, diese Note verabredet, weshalb sie bei der Bewertung durch die Lehrkraft nicht berücksichtigt werden könnte. Das Problem besteht häufig darin, dass entweder die Bewertungskriterien nicht offen liegen oder aber die Jugendlichen überfordert sind mit der Anforderung, für sich selbst eine Note zu akzeptieren, die besser oder schlechter ist als diejenige, die sie einem Mitschüler oder einer Mitschülerin ausstellen wollten. Der nachstehende Vorschlag verzichtet deshalb auf Ziffernwerte.

Lern- und Gruppenprozesse beobachten

Unterrichtsaufgabe

In Gruppenarbeit werden Plakate erstellt, auf denen Ergebnisse einer Recherche dokumentiert werden.

Arbeitsform

Sämtliche Gruppenmitglieder erhalten einen Bogen zur Selbst- und zur Fremdbeobachtung. Zu einem verabredeten Zeitpunkt am Ende einer Arbeitsphase bearbeitet jeder und jede für sich jeweils zwei Bögen. Zur Differenzierung werden ‚smilies' angeboten (s. **Bogen 1**).

Selbst- und Fremdbeobachtung

Bogen 2 befindet sich zusätzlich in der Hand der Lehrkraft. In geeigneter Weise können Abweichungen nach oben (↗) bzw. nach unten (↘) markiert werden, die ins Einzel- oder Gruppengespräch einfließen.

Datum:	Unsere Aufgabe: _____
_____	_____

Benutze zur Beantwortung der Fragen folgende Symbole:

😊 stimmt genau   😐 stimmt kaum   ☹ stimmt gar nicht

Beobachtungen	Bewertung
1. Wir wussten gleich, was wir heute zu tun haben, und haben uns zügig an die Arbeit gemacht.	
2. Wir haben die Aufgabe für heute gemeinsam besprochen.	
3. Wir haben gemeinsam ausgemacht, was wer von uns tun soll.	
4. Ich wusste gleich, was meine persönliche Aufgabe für heute ist.	
5. Ich konnte meinen Beitrag den anderen vorstellen.	
6. Ich konnte mit Kritik von den anderen Gruppenmitgliedern umgehen.	
7. Ich konnte auch Verbesserungsvorschläge von den anderen aufnehmen.	
8. Ich konnte den anderen verständlich machen, was ich nicht so gut finde.	
9. Bei Problemen konnte ich Hilfe holen.	
10. Bei Konflikten konnte ich zur Lösung beitragen.	
11. Wir haben am Ende gemeinsam angeschaut, was wir hingekriegt haben.	
12. Wir haben gemeinsam besprochen, was wir als nächstes tun müssen.	

Was ich sonst noch beobachtet habe:

Bogen 1: Selbstbeobachtung

Datum:	**Unsere Aufgabe:** _____
_____	_____

Zu unserer Gruppe gehören außer mir (Name: _____):
1. _____   2. _____
3. _____   4. _____
5. _____   6. _____

Benutze zur Beantwortung der Fragen folgende Symbole:

☺ stimmt genau   ☺ stimmt kaum   ☹ stimmt gar nicht

Beobachtungen	Bewertung für die Gruppenmitglieder:						
	Ich	1	2	3	4	5	6
1. Alle wussten gleich, was sie heute zu tun haben, und alle haben sich zügig an die Arbeit gemacht.							
2. Alle haben die Aufgabe für heute gemeinsam besprochen.							
3. Alle haben gemeinsam ausgemacht, was wer tun soll.							
4. Jeder wusste gleich, was seine persönliche Aufgabe für heute ist.							
5. Alle konnten ihren Beitrag den anderen vorstellen.							
6. Alle konnten mit Kritik von den anderen Gruppenmitgliedern umgehen.							
7. Alle konnten auch Verbesserungsvorschläge von den anderen aufnehmen.							
8. Alle konnten den anderen verständlich machen, was sie nicht so gut finden.							
9. Bei Problemen konnten alle helfen, Lösungen zu finden.							
10. Bei Konflikten konnten alle zur Lösung beitragen.							
11. Alle haben am Ende gemeinsam angeschaut, was sie hingekriegt haben.							
12. Alle haben gemeinsam besprochen, was sie als nächstes tun müssen.							

Was ich sonst noch beobachtet habe:

Bogen 2: Fremdbeobachtung

Schüler-Feedback

Man kann von einer Feedback-Kultur sprechen, wenn es fest verankerte und eingeübte Formen der qualifizierten gegenseitigen Rückmeldung aller am Lernprozess Beteiligten gibt. Diese Rückmeldungen können zunächst verbal und mündlich formuliert werden. Dazu ist es hilfreich, bestimmte Sprachregelungen zu verabreden und zu trainieren. Gesichtspunkte könnten sein:

Feedbackregeln

1. **Selbstmitteilung:** „Ich fühle mich wohl bei …"; „Es hat mich gestört, als …"

2. **Wirkung/Eindruck:** „Du wirkst auf mich sehr …"; „Ich erlebe es als …, wenn …".

3. **Beschreibung:** „Du hast schon seit längerer Zeit nichts mehr gesagt"; „Ich habe beobachtet, dass …".

4. **Bewertung von Verhaltensweisen:** „Ich finde es ungerecht, wie Sie die Kinder behandeln"; „Es hilft mir, wenn …"; „Warum haben Sie das eben so unfreundlich gesagt?".

5. **Äußerung in der Gegenwart** (und nicht als nachträgliche Retourkutsche): „Ich kann dir jetzt nicht mehr zuhören"; „Momentan ist mir nicht zum Lachen zumute".

6. **Konkretion:** „Hast du bemerkt, dass du mich soeben unterbrochen hast?"; „Deinen letzten Satz fand ich kränkend".

7. **Ausdruck von Wünschen:** „Ich erlebe dich mir gegenüber häufig als abweisend. Ich hätte gerne mehr Kontakt zu dir." „Es tut mir gut, dass du dich um mich kümmerst. Bitte hilf mir auch weiterhin"; „Das geht mir zu schnell. Könnten Sie den letzten Satz noch einmal wiederholen?"

8. **Ausdruck der Wertschätzung:** „Ich arbeite gerne mit Dir zusammen"; „Ich finde es stark, wie du immer wieder …".

Werden solche Regeln kommuniziert und eingehalten, können daraus auch schriftliche Formen des Feedbacks entwickelt werden. Der folgende und abschließende Vorschlag zielt weniger auf die Erhebung eines Stimmungsbildes – auch das kann von Fall zu Fall hilfreich sein –, sondern will vielmehr eine Hilfe sein zur Kommunikation über Lernprozesse, Metakognitionen und Voraussetzungen gelingenden Kompetenzerwerbs (s. **Bogen 3, 4**).

Thema der Stunde: _____	Datum _____

Angestrebte Kompetenz(en):	Bemerkungen
Die Schülerinnen und Schüler können	

	+2	+1	−1	−2
1. Ich konnte verdeutlichen, welche Kompetenzen es zu erwerben gilt und wie sich der Lernweg gliedert.				
2. Die Schülerinnen und Schüler konnten das Lernziel nachvollziehen und mit eigenen Worten wiedergeben.				
3. Ich habe den Schülerinnen und Schülern ausreichend Zeit zur Verfügung gestellt, sich der Fragestellung anzunähern.				
4. Wir haben Lernziel und Lernweg gemeinsam besprochen.				
5. Wir konnten uns über Formen und Maßstäbe der Leistungsmessung verständigen und einigen.				
6. Ich habe mein selbstgesetztes (das verabredete) Ziel erreicht.				
7. Ich konnte der Klasse bewusst machen, welchen Schritt wir heute zurückgelegt haben.				
8. Wir haben gemeinsam skizziert, wie der Lernweg weitergeht.				
9. Wir haben den Unterrichtsplan gemeinsam korrigiert.				

Bogen 3: Selbstkontrolle (von der Lehrkraft nach der Stunde auszufüllen)

Thema der Stunde: _____	Datum _____			
	+2	+1	−1	−2
1. Ich habe verstanden, um was es in der heutigen Stunde ging und wie wir im Unterricht arbeiten.				
2. Ich kann mit eigenen Worten wiedergeben, was das Ziel der heutigen Stunde war.				
3. Ich hatte genug Zeit zur Verfügung, um zu verstehen, um was es heute gehen soll.				
4. Wir haben darüber gesprochen: Das ist heute unser Ziel und so sieht der Weg aus.				
5. Wir haben darüber gesprochen, was man können muss, wenn man eine gute Note bekommen will.				
6. Die Lehrerin/der Lehrer ist so weit gekommen, wie er/sie vorhatte.				
7. Wir haben darüber gesprochen und ich habe verstanden, was wir heute neu gelernt haben.				
8. Wir haben gemeinsam überlegt, wie der Lernweg weitergeht.				
9. Wir haben besprochen, was wir in Zukunft anders machen wollen.				

10. Was ich sonst noch sagen möchte:

▶ Was mir besonders gefallen hat: _____

▶ _____

▶ Was mir nicht so gefallen hat: _____

▶ _____

Bogen 4: Schülerfragebogen (von den Schülerinnen und Schülern nach der Stunde auszufüllen)

5. Schlussbemerkung und Ausblick

Bildungspläne machen keinen Unterricht – es sind zu allen Zeiten die Lehrpersonen, die unter bestimmten Rahmenbedingungen Unterricht ‚machen‘, also konzipieren und realisieren. Lehr- und Bildungspläne sind nicht mehr – aber auch nicht weniger! – als ein Steuerungselement für die Qualität schulischer Bildung. Allein an der Effektivität dieser ihrer Steuerungsfunktion sind sie zu messen. Die Frage also, ob etwa mithilfe von Bildungsstandards deutsche Schülerinnen und Schüler bei den nächsten Vergleichsstudien besser abschneiden werden, muss diese Generation von curricularen Vorgaben ebenso überfordern wie jede vorausgegangene.

Qualitätssteuerung von Unterricht

Was jedoch in diesem Buch zum Ausdruck kommen soll, ist die Grundüberzeugung, dass die Ausrichtung schulischer Bildung an der fachbezogenen und überfachlichen Befähigung von Kindern, Jugendlichen und Heranwachsenden unhintergehbar ist. Indem solche Befähigung in Form von Bildungsstandards als Ziel gelingender Bildung ausdrücklich formuliert wird, übernimmt diese Generation von Lehr- und Bildungsplänen insgeheim eine Funktion, von der im Moment noch nicht absehbar ist, ob sie sie schultern kann: Bildungsstandards nötigen die Lehrkräfte, nicht nur ihren Unterricht, sondern im Grunde auch Schule neu zu denken (H. v. Hentig). Man kann dies als Chance deklarieren – es wird aber weithin an den Schulen auch als Zumutung empfunden. Das erklärt zu einem guten Teil die Widerstände bei der Implementierung von Bildungsstandards und kompetenzorientiertem Lehren und Lernen an den Schulen.

Unhintergehbar: Kompetenzorientierung

Die hier gewählte induktive Grundlegung – ausgehend von den eigenen Unterrichtserfahrungen, anknüpfend an vorhandene Erwartungen an gelingenden Unterricht auf Seiten der Lehrkräfte – soll nicht zuletzt die Basis stärken für eine notwendige Kommunikation über das, was in unzähligen Klassenzimmer tagein, tagaus geschieht. Natürlich muss Unterricht, muss Schule, sich entwickeln. Um die dafür nötige Einsicht zu gewinnen, ist es wenig tauglich, ‚neuen‘ Unterricht gegen ‚altes‘ Lehren und Lernen zu profilieren. Bei der Implementierung des kompetenzorientierten Bildungsplans in Baden-Württemberg zeigt sich immer wieder: Die Veränderungszumutung ist für die Grundschule am geringsten. Grundschulpädagogik orientiert sich schon längst an dem Ziel, möglichst viele Kinder auszustatten mit den fundamentalen Kompetenzen für erfolgreiches Leben und Lernen. Dass diese Grundausrichtung nun in Form von Kompetenzstandards auf alle Schularten ausgedehnt wird, ist zu begrüßen. Pointiert ausgedrückt: Das induktive Herangehen zeigt, dass Lehrkräfte prinzipiell als Unterrichtsziel nicht nur akzeptieren, sondern sogar selbst formulieren, Kinder und Jugendliche für ihr Leben und für ihren Lernerwerb tüchtig zu machen. Bildungsstandards bringen dieses Lernziel schülerorientiert auf den Punkt. Unter dieser Perspektive verdankt sich die Botschaft von Bildungsstandards einem außerordentlich humanen Ziel. Sie lautet: Du, Kind, hast ein Recht darauf, tüchtig zu werden. Wenn Bildungsstandards dazu beitragen, bereits vorhandene Elemente, Verfahren und Prozesse an den Schulen zu stärken

Notwendige Veränderungen

und vorhandene Hindernisse und Schwächen zu vermindern, so hätten sie bereits Großes geleistet. Dann aber müsste auch Raum sein für eine notwendige Ergänzung. Schülerinnen und Schüler müssen es der Schule und allen dafür Verantwortlichen Wert sein, in ihren Fähigkeiten gestärkt zu werden. Gleichwohl wäre das Menschenbild der Schule nicht human, wenn nicht zum Ausdruck käme: Unterricht ist immer auch mehr und anderes als Kompetenzerwerb. Schule ist mehr und anderes als ein Trainingslager zum Erwerb von Kenntnissen, Fertigkeiten und Haltungen. Zu dem Grundrecht auf Befähigung gehört deshalb unverzichtbar ein zweiter Satz: Alle Ertüchtigung, alle Befähigung, gelingt nur in dem Wissen, dass wir mehr sind als die Summe unserer Kompetenzen.

Bildungsziel
Humanität,
humanes
Bildungsziel

Anhang

Dieses Buch beschreibt, wie Bildungsstandards die Unterrichtsqualität beeinflussen und steuern. Im Hintergrund steht deshalb ausgesprochen oder unausgesprochen die Frage nach gutem Unterricht. Nun ist diese Frage außerordentlich facettenreich. Im Vordergrund standen bisher solche Faktoren, die durch die Unterrichtenden beeinflussbar sind. Strukturelle Voraussetzungen zählen nur bedingt dazu und kamen deshalb bisher kaum in den Blick. Dies soll durch die zwei Abschnitte in diesem Anhang teilweise geändert werden. Das Hauptaugenmerk liegt weiterhin auf den Lernprozessen und den Lernerträgen der Schülerinnen und Schüler.

Fragen der Strukturqualität von der Größe der Lerngruppe über organisatorische Rahmenbedingungen bis hin zur Stellung des jeweiligen Faches an der Schule sind zwar meist kaum veränderbar, spielen aber für die Planung von Unterricht eine erhebliche Rolle. Die genaue Kenntnis und Abschätzung solcher Faktoren ist entscheidend dafür, dass der intendierte Lernprozess geplant, inszeniert, gesteuert und überprüft werden kann. Damit sind wesentliche Fragen umrissen, die in den mehr oder weniger ausführlichen Unterrichtsentwürfen bedacht werden müssen. Solche schriftlichen Unterrichtsentwürfe gehören zum Handwerkszeug von Lehrkräften und spielen deshalb in der Lehrerausbildung eine wichtige Rolle.

Der erste Abschnitt dieses Anhangs bietet elementare Fragen und Schritte eines solchen Unterrichtsentwurfs an und zeigt auf, wie die Kompetenzorientierung von Bildungsstandards diese Planungsarbeit verändert. Der Entwurf ist so allgemein formuliert, dass die jeweiligen fachdidaktischen Spezifika eingearbeitet werden können.

Dasselbe gilt für den zweiten Abschnitt, der die Phasen eines kompetenzorientierten Beratungsgesprächs skizziert. Auch hier können spezielle fachdidaktische Gesichtspunkte mühelos ergänzt werden.

Anhang I:
Ausführlicher Unterrichtsentwurf

In einem schriftlich ausgearbeiteten Unterrichtsentwurf dokumentieren Unterrichtende ihre Fähigkeit, Unterricht zu ‚entwerfen‘, das heißt zu planen und didaktisch zu reflektieren. Die grundsätzliche Schwierigkeit der Unterrichtsplanung entsteht dadurch, dass Unterricht ein kommunikatives Geschehen zwischen Menschen ist, das immer auch von etlichen Faktoren mitbestimmt wird, die nur bedingt vorhersehbar sind. Das Lernen selbst, auf das der Unterricht zielt, ist im Grunde unverfügbar, aber es soll angestrebt werden.

Aus diesen Überlegungen ergeben sich ein bestimmter Aufbau der Unterrichtsplanung und bestimmte Fragestellungen, die in jedem Unterrichtsentwurf bearbeitet werden müssen:

I. Worin bestehen die Rahmenbedingungen des Unterrichts und die (Lern-) Voraussetzungen der Schülerinnen und Schüler?

II. Wovon handelt der Unterricht und worauf zielt er?

III. Welche Interaktionen, Methoden und Medien sollen eingesetzt werden, um bei den gegebenen Voraussetzungen (I) die Erreichung des Ziels, beziehungsweise den Erwerb der Kompetenzen und Inhalte (II) möglichst plausibel und wahrscheinlich zu machen?

Auf knappe Begriffe gebracht, bieten sich für die drei genannten Fragekreise die Bezeichnungen Bedingungsanalyse (I), didaktische Analyse (II) sowie Synthese/konkrete Unterrichtsgestaltung (III) an.

Wer sich in Einrichtungen der Lehrerbildung bzw. in der einschlägigen Literatur umsieht, wird feststellen, dass überall ‚Leitlinien‘, ‚Raster‘ oder ‚Gesichtspunkte‘ für den ausführlichen Unterrichtsentwurf kursieren und im Gebrauch sind. Bedauerlicherweise ist aber immer wieder festzustellen, dass teilweise in derselben Einrichtung nicht einmal zwischen den unterschiedlichen Fachdidaktiken Einvernehmen besteht, wie ein solcher Unterrichtsentwurf auszusehen hat.

Die nachfolgenden Überlegungen zur Struktur und zu grundsätzlichen Anforderung an einen Unterrichtsentwurf wollen deshalb einen Beitrag leisten zur meines Erachtens dringend notwendigen Verständigung über einheitliche Unterrichtsentwürfe. Es geht dabei nicht um formalen Dogmatismus, sondern um eine Hilfe für Auszubildende.

Zum anderen geht es, wie beim Unterrichtsgespräch (Anhang II), um die spezifischen Akzente, die sich aus der Kompetenzorientierung der Bildungsstandards ergeben. Es ist im Folgenden der Einfachheit halber von einer ‚Unterrichtsstunde‘ die Rede. Ebenso gut könnte es sich um eine Doppelstunde, eine Lernsequenz oder auch nur einen Unterrichtsbaustein handeln. Formale Aspekte, wie etwa der erwartete Umfang des Entwurfs, die Form oder Literaturangaben, werden hier nicht angesprochen.

1. Bedingungsanalyse

Intention

In diesem Abschnitt geht es um eine möglichst umfassende Darstellung und Analyse der Lernvoraussetzungen. Bedingungen findet man vor. Man kann unterscheiden zwischen äußeren Bedingungen und solchen Bedingung, die die Schülerinnen und Schüler als Einzelne und als Gruppe mitbringen.

Zu den äußeren Bedingungen wären etwa zu rechnen:

► Umfeld (sozial, kommunal) der Schule; sozialer Hintergrund der Schülerinnen und Schüler
► Zusammensetzung der Klasse (Lerngruppe)
► Organisationsfragen (Stundentafel, Lage der Stunde im Jahr, in der Woche, am Schultag usw.)
► Stellung des Faches an der Schule, Verhältnis zu anderen Fächern (Kooperationen, Möglichkeiten der Fächer(ab-)wahl)
► weitere Bedingungen, die in irgendeiner Weise für die Unterrichtsplanung relevant sein könnten

Im Blick auf die Schülerinnen und Schüler sind folgende Überlegungen von Bedeutung:

► Entwicklungsstand der Schülerinnen und Schüler (altersspezifisch, geschlechtsspezifisch, lern- und verhaltenspsychologisch usw.)
► Schülerinteressen
► Vertraute Arbeitsformen
► Soziales Verhalten
► Absprachen (Regelkataloge, Rituale usw.)
► Bemerkungen zu einzelnen Schülerinnen und Schülern

Fragen des Daten- und Persönlichkeitsschutzes werden in der Praxis unterschiedlich beurteilt. Ich selbst plädiere für eine Anonymisierung. Außerdem sollte deutlich unterschieden werden zwischen Beobachtungen („Einige Schüler können kaum länger als 5 Minuten an einer Arbeit verweilen") und Deutungen („T. und L. können die Lehrerin persönlich nicht leiden").

Akzente durch die Kompetenzorientierung:

Zu den besonderen Lernvoraussetzungen gehört, über welche Kenntnisse, Fertigkeiten und Dispositionen die Schülerinnen und Schüler bereits verfügen, was sie bereits ‚können' bzw. was gerade eingeübt, praktiziert oder angebahnt wird. Erst unter diesem Gesichtspunkt kommen Inhalte in den Blick, die bereits ‚durchgenommen' oder ‚behandelt' wurden. Gegebenenfalls ist an dieser Stelle darzulegen, in welches Schulprogramm oder Schulcurriculum (Methodencurriculum, Sozialcurriculum usw.) sich diese Unterrichtsstunde einordnen soll. Für alle Gesichtspunkte der Bedingungsanalyse gilt zusammenfassend: Erwähnenswert ist alles, was sich auf die anschließende Unterrichtsplanung und -durchführung beziehen lässt.

2. Didaktische Analyse

Intention

In diesem Schritt findet die Verschränkung von Kompetenzen und Inhalten statt. Die didaktische Analyse hat zwei gleichberechtigte, unverzichtbare Akzente: Erstens die intensive Auseinandersetzung mit den Unterrichtsinhalten unter fachwissenschaftlicher Perspektive; zweitens die Klärung der im Unterricht anzustrebenden Kompetenzen der Schülerinnen und Schüler. Die Reihenfolge dieser beiden Akzente kann ebenso gut umgekehrt werden: Erstens die Klärung und Auswahl der durch den Bildungsplan verbindlich vorgegebenen Kompetenzen; zweitens die Korrelation der Kompetenzen mit einem geeigneten Inhalt, der fachwissenschaftlich entfaltet wird.

Inhaltliche Analyse

Die Logik der hier angebotenen Reihenfolge der zwei genannten Schritte lautet: Welches Thema hat die Unterrichtsstunde, und welche Kompetenzen können anhand dieser Thematik angestrebt werden?

Beginnt man mit der fachwissenschaftlichen Reflexion des Inhalts, ist zunächst lediglich der Gesichtspunkt der sachlichen und fachlichen Richtigkeit leitend. Das heißt je nach Fach und Inhalt:

► Eingrenzung der Thematik
► Strukturierung (Oberbegriffe, Zusammenhänge)
► Darstellung von elementaren Sachverhalten
► Unterscheidung von Wesentlichem und Unwesentlichem

Didaktisch wird diese Analyse erstens, indem ein Bezug zwischen Inhalten und den Schülerinnen und Schülern hergestellt wird und zweitens, indem die inhaltlichen Aspekte in Beziehung gesetzt werden zu einem sinnvollen und plausiblen Kompetenzerwerb. Beide Zwischenüberlegungen münden drittens in die Formulierung eines kompetenzorientierten Stundenziels.

1. Klassische Formen der Korrelation zwischen Inhalten und Schülerinnen bzw. Schülern bieten die verschiedenen Ansätze der Elementarisierung oder die Frage nach dem Gegenwartsbezug und der Zukunftsbedeutung eines Themas (W. Klafki). Diese Fragen sind auch unter kompetenzorientierter Perspektive von Bedeutung.

2. Die entscheidende Frage dieser Überlegung lautet: Welche unterschiedlichen, in den Bildungsstandards formulierten, Kompetenzen können die Schülerinnen und Schüler an diesem konkreten Inhalt erwerben? Der Unterrichtsentwurf soll an dieser Stelle auch unterschiedliche Umsetzungsmöglichkeiten diskutieren, um dann zu einer begründeten Entscheidung zu führen. Der Grundgedanke lautet: In der Begegnung mit dem gewählten Inhalt (z. B. Unser Schulort) können folgende Kompetenzen angestrebt werden:

   Die Schülerinnen und Schüler

   ► *können sich im Erfahrungsraum Realschule orientieren, auch unter geschichtlichen Aspekten, und erweitern die in der Grundschule gelegten fachlichen Kompetenzen;*

- *können sich mit dem Atlas selbstständig orientieren;*
- *können bei einer ausgewählten Geländearbeit handlungsorientiert geeignete Methoden (zum Beispiel Kartierung) anwenden.*

   (Alle Beispiele aus Baden-Württemberg, Realschule, Fächerverbund Erdkunde – Wirtschaftskunde – Gemeinschaftskunde, Klassenstufe 5/6)

Geht die didaktische Analyse nicht von den Inhalten zu den Kompetenzen, sondern den umgekehrten Weg (s. o.), so lautet die Logik: An welchen geeigneten Inhalten lassen sich welche der genannten Kompetenzen erwerben?

Zu der im Unterrichtsentwurf gefundenen Auswahl gehört eine Erklärung, inwiefern die Kompetenzen für eine Unterrichtsstunde geeignet sind für das betreffende Thema. Entscheidend ist dann aber die Auswahl, die für die konkrete Stunde getroffen wird, sowie deren Begründung.

Ergänzend kann sich eine Reflexion über fachübergreifende Kompetenzen – soziale Kompetenz, Methodenkompetenz, personale Kompetenz u. a. – anschließen. Hier kann auch, sofern vorhanden, die Korrespondenz mit einem schuleigenen Cirrculum eine Rolle spielen.

3. Das Stundenziel, das heißt die Befähigung, die in der betreffenden Stunde angestrebt, angebahnt oder vertieft werden soll, muss sich plausibel von der im zweiten Zwischenschritt gewählten Kompetenz (bzw. den gewählten Kompetenzen) ableiten. Die Reflexionsfrage, die bei dieser Überlegung im Hintergrund steht, lautet: Was können die Schülerinnen und Schüler, wenn sie über die betreffende Kompetenz verfügen? Nachdem in aller Regel eine Unterrichtsstunde nicht ausreichen wird, um einen Kompetenzstandard zu erreichen, ist an dieser Stelle ein Ausblick hilfreich: Wie soll das Stundenziel fortgeführt werden?

3. Synthetischer Schritt: Methoden, Medien, Aufbau der Unterrichtsstunde

Intention

Es gilt zu zeigen, wie sich aus Bedingungsanalyse und Didaktischer Analyse schlüssig bestimmte Entscheidungen im Blick auf die Umsetzung des Stundenziels ergeben.

Hier müssen einige Andeutungen genügen, die zu illustrieren versuchen, was in diesem Zusammenhang schlüssig bedeutet:

1. Kompetenzorientierung des Unterrichts bedeutet nicht zwingend die Entscheidung für eine ganz bestimmte Unterrichtsform – etwa die Freiarbeit oder den offenen Unterricht – und auch nicht zwingend bestimmte Methoden. Das heißt:
   - Alle methodischen Entscheidungen bedürfen der Begründung.
   - Es wird immer auch Alternativen geben, die in diesem dritten Abschnitt diskutiert werden.
2. Kompetenzorientierter Unterricht zielt darauf, die Kenntnisse, Fertigkeiten, Einstellungen und Haltungen von Kindern und Jugendlichen zu stärken. Daraus leitet sich eine deutliche Tendenz zu Formen der Selbst-

tätigkeit von Schülerinnen und Schülern im Unterricht ab. Es entsteht deutlicher als im Frontalunterricht die Notwendigkeit der Binnendifferenzierung: Je mehr die Kinder im Unterricht selbst bewerkstelligen, desto größer ist die Bedeutung unterschiedlicher Arbeitsprozesse und -zeiten. Zu fragen ist:

► Wie ist der/die Unterrichtende vorbereitet auf die Situation, dass einige Kinder früher fertig sind als andere, dass einige Kinder ein Arbeitsergebnis erzielen und andere keines?

► Wie werden die unterschiedlich zu Tage tretenden Fähigkeiten der Schülerinnen und Schüler berücksichtigt und individuell gefördert?

► Die Auswahl der Medien ist nicht nur auf ihre sachliche Eignung hin zu begründen, sondern auch auf ihre Sachdienlichkeit hin:

► Wie verhält sich der Medieneinsatz zum angestrebten Kompetenzerwerb?

► Was können die Schülerinnen und Schüler mit oder an dem gewählten Medium besser lernen als ohne dieses Medium bzw. mit einem anderen?

► Eingedenk der eingangs formulierten Einschränkung, dass in einem Unterrichtsverlauf nicht alles planbar ist, erhalten die Ergebnissicherung, die Formen der Evaluation sowie die Vertiefung eine besondere Bedeutung. Gefragt werden kann:

► Worin besteht die Rückversicherung während des Unterrichts, ob und inwiefern das angegebene Stundenziel erreicht ist?

► Wie werden die Schülerinnen und Schüler in diesen Prozess einbezogen?

► Werden am Ende des Unterrichts Hausaufgaben aufgegeben?

3. Am Schluss des ausführlichen Unterrichtsentwurfs steht eine Unterrichtsskizze, aus der die geplanten Interaktionen der Lehrkraft und die erwarteten Reaktionen und Aktivitäten der Schülerinnen und Schüler in chronologischer Reihenfolge hervorgehen.

Anhang II:
Kompetenzorientierte Unterrichtsberatung

Das klassische Instrument der Unterrichtsentwicklung ist das kollegiale Beratungsgespräch. Die Betonung auf Kollegialität hat hier eine zweifache Bedeutung. Zum einen können Gespräche über den Unterricht mit Schülerinnen und Schülern stattfinden, gegebenenfalls gemeinsam mit Eltern oder anderen Partnern. Solche Gespräche sind hier nicht im Blick. Worum es geht, sind Gespräche zur Unterrichtsentwicklung, wie sie aus den unterschiedlichsten Anlässen immer wieder zwischen Kolleginnen und Kollegen stattfinden. Zu Kolleginnen und Kollegen in diesem Sinne zählen Lehramtsanwärterinnen und -anwärter in gleicher Weise wie Lehrkräfte der Fachschaft, im Team, aus der Schulleitung oder der Schulaufsicht. Der zweite Akzent von Kollegialität betrifft das Dialogische und Atmosphärische eines solchen Gesprächs, genauer die Rollen im Beratungsprozess. Kollegial wird der Prozess der Unterrichtsentwicklung immer dann, wenn die Beratenen und die Beratenden einander auf gleicher Augenhöhe begegnen. Ohne Zweifel gibt es immer wieder Unterrichtsgespräche, in denen sich hierarchische Unterschiede nicht leugnen lassen – man denke nur an Prüfungssituationen. Und auch im Unterrichtsgespräch, das nicht in eine Bewertung mündet, muss die Rollenverteilung zwischen Beratendem und Beratenem klar sein. Um so mehr gilt als Voraussetzung für gelingende Kommunikation, dass alle im Folgenden skizzierten Entscheidungen über Inhalt und Struktur des Beratungsgesprächs für alle Beteiligten transparent sein und nach Möglichkeit gemeinsam ausgehandelt oder verabredet werden sollten. Je klarer die Struktur eines solchen Gesprächs ist und je einvernehmlicher die Funktion und die Zielsetzung eines solchen Gesprächs allen Beteiligten vor Augen stehen, desto besser sind die Bedingungen dafür, dass das Gespräch seiner eigentlichen Funktion, nämlich der gemeinsamen Qualitätsentwicklung von Unterricht, dienen kann. Qualitäts*kriterien* für ‚guten Unterricht‘ wurden in diesem Buch unter dem Oberbegriff ‚kompetenzorientierter Unterricht‘ zusammengetragen. Qualitäts*entwicklung* muss immer die subjektiven Wahrnehmungen und Gelingensvorstellungen dessen mit einbeziehen, dessen didaktische Kompetenz entwickelt werden soll.

Es ist ratsam, sich bestimmte Phasen eines kollegialen Beratungsgesprächs vor Augen zu führen, auch wenn man dies nicht zu jedem Zeitpunkt ausdrücklich benennen wird. Die nachstehende Übersicht bietet drei Phasen (oder Schritte) mit entsprechenden Übergängen an:

I.   Eingangsphase: Selbstwahrnehmung des/der Unterrichtenden, Gesamteindruck, einzelne Aspekte; gemeinsames Sortieren auf dem Hintergrund der Fremdwahrnehmung des/der Beratenden.

II. Bearbeitungsphase: Zentrale Aspekte werden einer genauen Reflexion unterzogen; Arbeit an einzelnen Sequenzen und Fragestellungen.

III. Perspektiven: Die am Gespräch Beteiligten formulieren mögliche nächste Schritte und treffen entsprechende Vereinbarungen.

Diese Schritte können in jedem Beratungsgespräch durchgeführt werden, ganz gleich, ob es sich dabei um einen Unterrichtsbesuch oder ein Kolloquium mit dem Ziel einer Bewertung handelt. Je gründlicher die Beratung erfolgt, je klarer die zugrunde gelegten Gesichtspunkte und Gütekriterien sind, desto transparenter wird auch die Bewertung und Benotung ausfallen.

Nicht für jede Stunde wird eine schriftliche Verlaufsplanung, geschweige denn ein ausführlicher schriftlicher Unterrichtsentwurf (Anhang I) vorliegen. Gleichwohl wird jedes kollegiale Unterrichtsgespräch um die zentrale Frage kreisen, welche didaktischen Ziele sich der bzw. die Unterrichtende vorgenommen hat, welche Mittel (Methoden, Medien, Interaktionen, Inszenierungen) dafür eingesetzt wurden und ob diese Ziele erreicht wurden. An dieser Stelle geht es in besonderer Weise um einen Abgleich zwischen den subjektiven Gelingensvorstellungen der Unterrichtenden mit den Wahrnehmungen der Beratenden. Eine schriftliche Vorlage kann dafür wichtige Dienste leisten, ist aber keine zwingende Voraussetzung. Sofern dies in Prüfungen nicht ohnehin erforderlich ist, kann es hilfreich sein, den Verlauf und die Ergebnisse und Vereinbarungen am Ende der Beratung protokollarisch festzuhalten.

Im Folgenden biete ich einen Überblick über den möglichen Verlauf eines kollegialen Unterrichtsgesprächs. In einem zweiten Schritt werden die einzelnen Sequenzen des Gesprächs auf kompetenzorientierte Unterrichtsberatung hin erläutert und spezifiziert.

1. Phasen des Beratungsgesprächs zwischen Lehrkraft (L) und BeraterIn (B)
   (s. Abb. 18)

2. Spezifizierung: Kompetenzorientierung in der kollegialen Unterrichtsberatung

2.1 Eingangsphase

Eigene Wahrnehmungen der Lehrkraft:
In der Eingangsphase geschehen wichtige Weichenstellungen für den weiteren Gesprächsverlauf. Generell ist zu beobachten: Unterrichtende haben die Neigung, ihre Beobachtungen und Selbstwahrnehmungen mit Deutungen zu vermischen. Das gilt insbesondere bei Unterrichtsstunden, die subjektiv weniger befriedigend oder planungskonform verlaufen sind. Unterrichtende beschreiben häufig zunächst ihr Gefühl, ihren Eindruck, die Stunde sei „gut oder schlecht gelaufen", sie hätten „alles hinbekommen", was sie sich vorgenommen hatten – oder eben „viel zu wenig". Oder es treten, besonders im negativen Fall, Gesichtspunkte hinzu, die der Wahrnehmung nur begrenzt zugänglich sind: „Ich weiß gar nicht, was mit den Kindern heute los war." „Sonst sind die ganz anders. Aber das liegt wahrscheinlich daran, dass …"

Unter dem Gesichtspunkt der Kompetenzorientierung ist hier besondere Aufmerksamkeit und Sorgfalt geboten. Das beratungsleitende Interesse

Phasen des Beratungsgesprächs

Phase	Funktion(en)
I. Eingangsphase 1. Eigene Wahrnehmungen von L	B und L kommen mit einem eigenen Eindruck aus der soeben gehaltenen Stunde. Eindrücke und Wahrnehmungen von L bilden die Eröffnung und die Grundlage des Gesprächs. Es sollte deutlich werden, dass ▶ die Selbstwahrnehmung eine entscheidende Rolle für die beratende Rückmeldung sowie für alle Entwicklungsmöglichkeiten spielt; ▶ es einen wichtigen Unterschied zwischen Wahrnehmung und Deutung gibt; ▶ Unterrichtsberatung ein Element der Unterrichtsentwicklung darstellt; ▶ man unterscheiden kann/sollte zwischen quantitativen und qualitativen Beobachtungen; ▶ man unterscheiden kann/sollte zwischen sachbezogener Deutung („das war wohl zu schwierig") und emotionaler Deutung („da war ich unsicher"); ▶ die Frage „Wie hätten Sie das gemacht?" eine nachgeordnete Rolle spielt. Die Rückmeldung des/der Beratenden beginnt mit positiven und bestärkenden Wahrnehmungen.
2. Perspektiven sortieren	B fordert dazu auf, die eigenen Wahrnehmungen von L zu sortieren und zu gewichten.
3. Abgleich/ Einigung	Gemeinsame Strukturierung des folgenden Gesprächs bzw. der Arbeit an einzelnen Situationen oder Sequenzen des Unterrichts: B formuliert überblickartig eigene Beobachtungen (und achtet dabei auf die Unterscheidung zwischen Wahrnehmung und Deutung!). B formuliert Vorschläge für bestimmte Schwerpunkte/Themen des Beratungsgesprächs. Gesichtspunkte: ▶ Zielerreichung ▶ Sprache, insbesondere Arbeitsanweisungen, Interventionen bei Störungen, Gelenkstellen, Rituale ▶ Selbsttätigkeit der Schülerinnen und Schüler ▶ Feedback, diagnostische Elemente ▶ Ergebnissicherung
II. Bearbeitung 1. Einzelanalysen, Zielerreichung	Beobachtungen werden abgeglichen: ▶ Im Falle der Abweichung ist es besonders wichtig, Beobachtung und Deutung zu trennen! ▶ Im Falle der Übereinstimmung wird gemeinsam nach Deutungen sowie nach Alternativen gesucht.
2. Zusammenfassung: Entwicklungs-möglichkeiten	Im Zentrum stehen die Entwicklungsmöglichkeiten Wichtig ist das Sortieren, etwa nach personbezogenen Gesichtspunkten (Körpersprache, Haltung, Präsenz), nach sachlichen/fachlichen, sprachlichen, methodischen, diagnostischen Gesichtspunkten
III. Perspektiven: Verabredungen/ Zielvereinbarungen Terminabsprachen	Möglichst einvernehmliche Formulierung von konkreten Entwicklungsaufgaben. Maximal drei Gesichtspunkte (hängt aber ab von der Frequenz der Unterrichtsberatung)

Abb. 18

besteht darin, gemeinsam herauszufinden, was die Kinder denn nun können und wodurch dieses Können befördert wurde. Umso wichtiger ist es, darauf zu achten, wie die Kinder faktisch gesprochen, gearbeitet, agiert, kommuniziert, gestaltet haben – und solche Beobachtungen deutlich zu unterscheiden von Eindrücken und Empfindungen der Unterrichtenden. Es versteht sich von selbst, dass die Rückmeldungen des/der Beratenden mit den Stärken der gehaltenen Unterrichtsstunde beginnen.

Mögliche Fragen/Eröffnungen

Bemerkungen

„Sie haben diese Stunde gehalten. Sie haben auch das erste Wort."
Mögliche Gliederung:
- ► chronologisch nach dem Stundenverlauf
- ► entlang an Einzelphänomenen
- ► fokussiert auf bestimmte Interaktionen/Situationen (Gelenkstellen, Arbeitsaufträge usw.)
- ► problemorientiert/chancenorientiert

Das Gespräch selbst sollte strukturiert werden!

„Lassen Sie uns zuerst möglichst viele Beobachtungen sammeln. Sie haben Zeit, Ihre Gedanken zu sortieren. Ich werde Ihnen anschließend aus meiner eigenen Perspektive sagen, was mir aufgefallen ist. Wir werden dann gemeinsam sehen, welche Schwerpunkte wir setzen."

„Ich habe vor allem beobachtet/erlebt, wie die Kinder …"

„Sie wissen, wir wollen gemeinsam herausfinden und bearbeiten, welche Prozesse Sie in Ihrer Stunde bei den Kindern angestoßen haben, wo und inwiefern die Kinder aktiv beteiligt waren, wo die Kinder die Chance erhielten, ihren Lernzuwachs bewusst zu machen."

Perspektiven sortieren

Eine Struktur für das nachfolgende Beratungs- und Entwicklungsgespräch kann umso leichter entstehen, je klarer gleich zu Beginn Wichtiges von Nebensächlichem, formale Beobachtungen von inhaltlichen Fragen unterschieden werden. In allen Fragen gilt es die Einsicht der/des zu Beratenden zu gewinnen.

„Gibt es aus Ihrer Perspektive bestimmte Situationen oder Themen, die in unserem Gespräch eine besondere Rolle spielen sollen?"

„Versuchen Sie, Ihre Beobachtungen zu sortieren. Können Sie mit eigenen Worten noch einmal beschreiben, welches Stundenziel Sie sich vorgenommen hatten? Beziehen Sie Ihre Beobachtungen auf dieses Stundenziel. Was haben Sie den Kindern heute beigebracht? Stellen Sie sich vor, Sie hätten vor Ihrer Stunde für sich Erwartungen an den Unterrichtsertrag formuliert. Sie hätten sich gedacht: Heute erwarte ich eigentlich, dass die Kinder am Ende der Stunde … – wie geht dieser Satz für Sie weiter?"

Spätestens an dieser Stelle ist zu klären, welche Rolle gegebenenfalls die vorgelegte Unterrichtsskizze spielen soll.

Abgleich/Einigung
Das Ziel der Unterrichtsberatung besteht vor allem in der Unterrichtsentwicklung, das heißt, in der Arbeit an bestimmten Unterrichtssituationen und -sequenzen. Das bedeutet die Notwendigkeit, sich auf bestimmte Dinge zu konzentrieren. Diese Konzentration sollte wesentlichen, exemplarischen Elementen des Unterrichts gelten.

Es ist prinzipiell denkbar, dass etwa in einem längerfristigen Beratungsprozess oder bei einem Wiederholungsbesuch besondere Perspektiven auf den Unterricht vorher abgesprochen werden.

„Ich will Ihnen nun zunächst eigene Beobachtungen mitteilen und dann einen Vorschlag machen, welche Themen/Situationen wir noch einmal besonders betrachten (bearbeiten).“

„Ihre Stunde hatte besondere Stärken an der Stelle, als Sie … Mich hat besonders beeindruckt, wie Sie …“

„Wir hatten uns vorgenommen, uns heute besonders auf Ihre Sprache, auf Ihre Arbeitsanweisungen (bzw. Eröffnungen, Rituale, Gelenkstellen, Übergänge, usw.) zu konzentrieren.“

„Sie haben soeben selbst noch einmal als Stundenziel formuliert, dass die Kinder … Ich schlage vor, dass wir uns zunächst erinnern, mit welchen Mitteln (Angeboten, Impulsen, Inszenierungen, Schritten, usw.) Sie auf dieses Ziel hingearbeitet haben.“

Die angebotenen Gesprächsschwerpunkte sollten auf Einvernehmen stoßen!

2.2 Bearbeitung

Einzelanalysen; Zielerreichung; Alternativen entwickeln
Erstaunlicherweise sind immer wieder gerade im Blick auf die Zielorientierung von Unterricht die größten Abweichungen zwischen Unterrichtenden und Beratenden festzustellen. Wird im Falle einer störungsfrei verlaufenen Stunde vorschnell erklärt, alle Ziele seien erreicht, so besteht im gegenteiligen Fall die Neigung, viel zu viel für gescheitert zu erklären.

Kompetenzorientierung bedeutet auch hier eine besondere Sorgfaltspflicht für die Beratenden und für die Unterrichtenden eine besondere Anforderung an ihre diagnostische Kompetenz. Dies gilt sowohl im Blick auf die unterrichtlichen Prozesse als auch auf die Lern- und Leistungsstände der Schülerinnen und Schüler.

Ein Beispiel:
Die Schülerinnen und Schüler sollten im Unterricht beispielsweise die handelnden Personen aus einem literarischen Text herausarbeiten, um anschließend das Drehbuch für ein Rollenspiel zu schreiben. Sie haben sich stattdessen über die handelnden Personen mokiert oder nur kurze Kom-

mentare gefunden („Voll lieb!" „Unverständlich!" „Wie kann man nur!").
Die Frage lautet: Was haben die Schülerinnen und Schüler damit geleistet?
Was haben sie ‚gekonnt'? Welche Fähigkeiten haben sie damit noch nicht
gezeigt? Liegt dies an mangelnder Lesekompetenz, an den Verstehens- und
Deutevoraussetzungen oder an sprachlich-kommunikativen Grenzen? Wie
hätte man diese Fähigkeit anbahnen, entwickeln, einüben können?
Je genauer die Diagnose des Scheiterns wie des Gelingens (hinter letzterem
könnte sich ja auch eine Unterforderung der Kinder verbergen) erfolgt, desto
ertragreicher wird die Arbeit an didaktischen Alternativen ausfallen.

An dieser Stelle des beratenden Gesprächs können die oben genannten
Perspektiven auf den Unterricht zum Tragen kommen: Welche Rolle und
Funktion hatte die Sprachpflege im Unterricht? Wie, woran und mit welchem
Ergebnis wurde gearbeitet? Welche Rolle spielten Materialien und Medien?
Gab es Elemente lernwegbegleitender Diagnose (Felix Winter, 2004)?

Die Einzelarbeit an bestimmten Unterrichtssituationen oder -sequenzen
steht damit unter einer doppelten Perspektive: Es geht zum einen um die
Zieldienlichkeit (Was hatte der/die Unterrichtende sich vorgenommen? Wie
passt die im Unterricht angebotene Interaktion zu diesem Ziel?) und zum
anderen um die Öffnung des Blicks für mögliche Alternativen.

„Ich will Ihnen gerne sagen, wie ich diese Situation wahrgenommen
habe."

„Sie sagten: ‚Am Ende war so ein Chaos'. Ich habe zunächst vor allem
wahrgenommen, dass die Kinder …"

„Erinnern Sie sich noch an die Formulierung, die Sie verwendet haben?"

„Lassen Sie uns überlegen, woran es gelegen haben mag, dass die Kinder
– wie Sie sagen: …"

„Hatten Sie sich vorher genau überlegt, was die Kinder in diesem Arbeitsschritt tun sollten?"

„Lassen Sie uns einmal einen Moment versuchsweise die Perspektive
wechseln: Was haben die Schülerinnen und Schüler womöglich gehört
(verstanden), als Sie sagten: …? – Vergegenwärtigen Sie sich, was die Jugendlichen offenbar verstanden haben! Was die Kinder getan haben!"

Zusammenfassung, Entwicklungsmöglichkeiten

Das Ziel der kollegialen Beratung ist die Unterrichtsentwicklung. Unterrichtsentwicklung muss ein Prozess sein, der durch Beratung angestoßen
und begleitet, aber von den Unterrichtenden selbst gesteuert wird. Darum
kommt es in der Schlussphase des Beratungsgesprächs wesentlich darauf
an, dass die Unterrichtenden selbst Eindrücke, Perspektiven und Vorhaben
formulieren. Dies kann in Form einer Zusammenfassung geschehen.

Sicher werden Beratene da und dort das Bedürfnis haben, um Rat zu
fragen. Die Beratung wird keine Ratschläge schuldig bleiben. Vorrangiges
Ziel eines solchen Austauschs sollte aber nicht sein, herauszufinden, was der
Berater bzw. die Beraterin künftig sehen will, wenngleich sich diese Tendenz
bei solchen Beratungsprozessen, die in eine Leistungsüberprüfung münden,

nicht ganz vermeiden lassen wird. Die Initiative zur Zusammenfassung und zur Formulierung eines Ertrags sowie von Entwicklungsperspektiven wird in der Regel von der Beraterin/dem Berater ausgehen. Solche Elemente eines geführten Gesprächs widersprechen nicht von vornherein dem Gedanken der Kollegialität.

„Wollen Sie nun am Ende Ihren persönlichen Eindruck zusammenfassen? Welchen persönlichen Ertrag aus unserem Gespräch können Sie für sich formulieren?"

„Wir haben nun vor allem über … gesprochen. Welches Thema war für Sie im Rückblick am wichtigsten?"

„Wenn Sie sich nun für die Weiterarbeit drei Dinge vornehmen sollten: Welche drei Dinge wären dies aus Ihrer Perspektive?"

2.3 Perspektiven: Verabredungen und Zielvereinbarungen

Handelt es sich um ein reines Beratungsgespräch, kommt es nicht selten vor, dass die Unterrichtenden nach einer Bewertung der gehaltenen Stunde fragen. Wichtiger als die Bekanntgabe einer möglichen Ziffernnote wäre an dieser Stelle, dass Bewertungsgesichtspunkte und -kriterien formuliert und durchsichtig gemacht werden.

Handelt es sich um ein Prüfungsgespräch, wird in aller Regel ein Protokoll angefertigt. Aber auch für einen Entwicklungsprozess kann es hilfreich sein, bestimmte Erträge und vor allem Vorhaben schriftlich festzuhalten. Kontinuierliche Beratung und Begleitung von Unterricht stößt im Ausbildungszusammenhang häufig an strukturelle Grenzen. Manchmal sind nur wenige oder gar nur ein einziger Unterrichtsbesuch vorgesehen. Umso wichtiger ist es, dass die Unterrichtenden konkrete Vorhaben für die eigene Weiterarbeit möglichst klar vor Augen haben. Deshalb sollte bei jeder Form von Protokoll oder Dokumentation der Zusammenhang zwischen Beobachtungen, Deutungen und Zielvereinbarungen bzw. Arbeitsvorhaben sichtbar werden.

Literatur

Baumert, Jürgen (Hrsg.): PISA 2000. Basiskompetenzen von Schülerinnen und Schülern im internationalen Vergleich. Wiesbaden: Leske und Budrich, 2001.

Beschlüsse der Kultusministerkonferenz (KMK-Standards):
Bildungsstandards im Fach Deutsch für den Mittleren Schulabschluss
(Beschluss der Kultusministerkonferenz vom 04.12.2003)
Bildungsstandards im Fach Mathematik für den Mittleren Schulabschluss
(Beschluss der Kultusministerkonferenz vom 04.12.2003)
http://www.kmk.org/schul/home1.htm (03.07.2006)

Beutelspacher, Albrecht: „In Mathe war ich immer schlecht ... ". Berichte und Bilder von Mathematik und Mathematikern, Problemen und Witzen, Unendlichkeit und Verständlichkeit, reiner ... heiterer und ernsterer Mathematik. Wiesbaden: Vieweg, 2001.

Chomsky, Noam: Aspects of the Theory of Syntax. In: Gerhard Helbig, Geschichte der neueren Sprachwissenschaft. Opladen ⁵1981, S. 297.

De Saussure, Ferdinand: Grundfragen der allgemeinen Sprachwissenschaft. In: Gerhard Helbig, Geschichte der neueren Sprachwissenschaft. Opladen ⁵1981.

Domin, Hilde: Rückkehr der Schiffe. Frankfurt/M.: Fischer, 1963.

Hentig, Hartmut von: Einführung in den Bildungsplan 2004 (Baden-Württemberg), In: Ministerium für Kultus, Jugend und Sport Baden-Württemberg, Bildungsplan 2004. www.bildung-staerkt-Menschen.de (03.07.2006)

Hentig, Hartmut von: Schule neu denken. Eine Übung in pädagogischer Vernunft. Weinheim/Basel: Beltz, ³2003.

Ministerium für Kultus, Jugend und Sport Baden-Württemberg, Bildungsplan 2004, www.bildung-staerkt-Menschen.de (03.07.2006)

Roth, Heinrich: Pädagogische Anthropologie, Band 1. Hannover 1971.

Stachel, Günter: Curriculum und Religionsunterricht. Mit Berichten aus der Arbeit des IKH München. Zürich: Benziger, 1971.

Weinert, Franz E. (Hrsg.): Leistungsmessungen in Schulen. Weinheim/Basel: Beltz, ²2002.

Winter, Felix: Leistungsbewertung. Eine neue Lernkultur braucht einen anderen Umgang mit den Schülerleistungen. Hohengehren: Schneider, 2004.

140 Seiten, 20 x 27 cm, Bestell-Nr. 4937, € 14,90

NORM GREEN · KATHY GREEN

Kooperatives Lernen
im Klassenraum und im Kollegium

Das Trainingsbuch

Tausende Lehrerinnen und Lehrer haben die Workshops von Norm Green und Kathy Green in Deutschland besucht und bereits das Konzept des Kooperativen Lernens kennen gelernt. Ein Konzept, das die Abkehr vom Einzelkämpfertum propagiert und methodische Wege für ein neues Lehren und Lernen aufzeigt, bei dem der Teamgedanke im Mittelpunkt steht.

Nun liegt endlich in **Buchform** vor, was bislang nur als Handout zugänglich war: **Kooperatives Lernen im Klassenraum und im Kollegium**. Ein Trainingsbuch, das Ihnen die Grundlagen des Kooperativen Lernens nahe bringt und konkrete Anregungen und Hilfen für Ihre tägliche Praxis gibt – im Unterricht und bei der kollegialen Teamentwicklung.

Das Buch ist so konzipiert, dass Sie damit Gruppenlernprozesse einleiten, gestalten und auswerten können und insbesondere heterogene Lerngruppen zu erfolgreichem gemeinsamen Arbeiten führen. Die **mutmachende Botschaft** dabei ist: Sie müssen nicht alles verändern, um erfolgreicher zu unterrichten, sondern das Lerngeschehen mit bisher fehlenden Methoden und Kompetenzen anreichern.

Profitieren Sie von den langjährigen Erfahrungen der Greens und nutzen Sie das **Kooperative Lernen** nicht zuletzt auch als eine Chance für ein entspanntes Arbeitsklima und mehr Berufszufriedenheit.

Kallmeyer
bei Friedrich in Velber

Für Ihre Bestellung wenden Sie sich bitte an unseren Leserservice.
Tel. 05 11 / 4 00 04 - 175 I Fax 05 11 / 4 00 04 - 176
www.friedrichonline.de
E-Mail: info@kallmeyer.de

Preise zzgl. Versandkosten. Stand 2006.

Selbst-
bestimmtes und
wechselseitiges
Lernen fördern!

Ilse Brunner · Thomas Häcker · Felix Winter (Hg.)

Das Handbuch
PORTFOLIOARBEIT

Konzepte · Anregungen · Erfahrungen
aus Schule und Lehrerbildung

272 Seiten, 20 x 27 cm, Bestell-Nr. 4941, € 19,90

ILSE BRUNNER, THOMAS HÄCKER, FELIX WINTER (HRSG.)

Das Handbuch Portfolioarbeit

Konzepte · Anregungen · Erfahrungen aus Schule und Lehrerbildung

Portfolios stehen für eine neue Lernkultur, die selbstständiges Arbeiten und die Umsetzung eigener Ideen in den Mittelpunkt stellt. Nutzen Sie die vielfältigen Möglichkeiten der Portfolioarbeit als Chance, Ihren Unterricht grundlegend zu erneuern und die Eigeninitiative Ihrer Schülerinnen und Schüler zu wecken!

Profitieren Sie von den Erfahrungen vieler Pädagogen aus Schule und Hochschule!
Das Handbuch Portfolioarbeit bietet Ihnen Hilfen und Anregungen, die Lust machen, dieses Konzept selbst auszuprobieren. Es erläutert Ihnen die konzeptionellen Grundlagen der Portfolioarbeit und veranschaulicht sie an konkreten Beispielen. Darüber hinaus erhalten Sie Informationen und Hinweise zur Leistungsbewertung – ein immer wieder diskutiertes Thema.

Dass Portfolioarbeit auch über die Schule hinaus sinnvoll und förderlich ist, zeigen die Beiträge zur Arbeit mit Portfolios in der Lehrerbildung.

Kallmeyer
bei Friedrich in Velber

Für Ihre Bestellung wenden Sie sich bitte an unseren Leserservice.
Tel. 05 11 / 4 00 04 - 175 I Fax 05 11 / 4 00 04 - 176
www.friedrichonline.de
E-Mail: info@kallmeyer.de

Preise zzgl. Versandkosten. Stand 2006.